FIERS D'ÊTRE NANTAIS
FC NANTES - OGC NICE
FINALE - 7 MAI 2022
FFF
CA

TALENT ÉDITIONS
115 rue de l'Abbé Groult, 75015 Paris

Photos : ©Icon Sport et collection personnelle de l'auteur.

ISBN : 978-2-37815-276-5

RÉGIS DUPONT

FC NANTES

ÉPOPÉE 2022

L'incroyable saison des Canaris

Talent Sport

Sommaire

INTRODUCTION

Du jaune et du vert, du rire et des larmes

Le 7 mai 2022, le FC Nantes a gagné la quatrième Coupe de France de son histoire. Un événement d'une importance relative à l'échelle de son riche parcours. Mais il a obtenu ce titre 21 ans après le précédent, un an après avoir fait pleurer de rire ses contempteurs et de rage ses supporters. Avec ces mêmes joueurs qui incarnaient les dérives d'une institution devenue « Kita Circus », en référence à son président si particulier. Le 7 mai 2022, il est redevenu un club qui gagne, qui draine de l'enthousiasme, et ce sur les braises d'un printemps 2021 délétère, quasi apocalyptique. De la très fraîche après-midi du stade Bonal, en décembre, au Stade de France, des 32es de finale à Sochaux au sacre face à Nice, cinq mois et demi plus tard, il n'a pas réussi que des grands matchs en Coupe de France. Mais il a emmené une communauté derrière lui. Un cheminement aux airs d'épopée, un trophée qui est la récompense d'un groupe uni à la suite de son entraîneur. Cet ensemble a été porté par des fans plus vibrants encore qu'aux plus grandes heures, au long d'un parcours essentiellement réalisé à la Beaujoire, repaire redevenu inexpugnable. Comme journaliste, j'ai été emporté moi aussi par la vague. J'ai grandi en rêvant en jaune et vert, en lisant la chronique de la vie des Canaris dans Presse-Océan et Ouest-France à l'envers, au petit-déjeuner, pendant que mon papa, en face, parcourait le journal à l'endroit. J'ai commencé ma carrière professionnelle en accompagnant le FCN champion de France en 2001. Puis, comme beaucoup d'autres, je me suis éloigné d'un club que je ne reconnaissais plus.

Alors en cette première semaine de mai 2022, j'ai voltigé d'un bonheur à l'autre, entre les entretiens avec Raynald Denoueix ou Jean-Claude Suaudeau, un reportage à Madrid pour la demi-finale retour de Ligue des champions entre le Real et Manchester City. Et cette finale si particulière où je me suis rendu sur le siège passager du véhicule familial, conduit par une de mes filles, Capucine, avec trois supporters jaune et vert sur la banquette arrière, tous vêtus d'un maillot sorti du fond de l'armoire : un de mes fils, Constantin, et deux de mes neveux, Étienne et Noé. Tous les quatre ont pris place à côté de la tribune de presse, comme mes parents 21 ans plus tôt jour pour jour, pour le mémorable Nantes – Calais. Au coup de sifflet final, quand le bonheur canari a envahi les lieux, je n'ai pas osé traverser les rangs des journalistes pour partager leur joie. Un peu parce que j'avais un article à écrire en urgence, un peu parce que je n'aime pas quand mes collègues oublient la réserve qu'impose leur présence dans un stade. Beaucoup parce que je savais que j'effectuerais le chemin du retour vers mon pupitre le visage baigné de larmes, noyé par l'émotion. Cette finale était pour moi, et pour des raisons très personnelles, comme un retour à la vie d'avant. À la légèreté. Un instant simple et beau, où il est question de football et de liens, de plaisir et de transmission.

Un mois et demi plus tard, Étienne a quitté ce monde, victime d'un coup de couteau lâche et gratuit, à l'aube des plus belles années de son existence. Il aimait le FCN presque autant qu'Oudon. On ne l'entendra plus réciter les effectifs de Ligue 1, on ne le verra plus jouer au ballon avec ses cousins ni remettre soigneusement en place ses cheveux après un coup de tête. Il ne chantera plus l'hymne à la Beaujoire très fort et un peu faux, avec cette étincelle au fond des yeux. Il ne connaîtra jamais le bonheur d'emmener son enfant au stade. Ce livre lui est dédié.

COUPE DE FRANCE
OGC NICE
FINALE
FC NANTES
SAMEDI 7 MAI 2022
21H00
L'EQUIPE
Le Parisien
ALLEZ NANTES
ALL ACCESS SECURITY CREW

Chapitre 1

DOMENECH, à fond vers le vide

Il n'y a pas de bonne manière d'être mis à la porte. Mais celle-ci est vraiment moche. Raymond Domenech est confiné dans sa chambre d'hôtel de la banlieue nantaise quand il sent arriver le vent mauvais d'une rumeur qui n'en est plus une, en ce glacial 10 février 2021 : le dernier match de sa carrière d'entraîneur, il l'a dirigé trois jours plus tôt contre Lille, le futur champion de France (0-2). Un doublé de Jonathan David a puni le FCN pour ses fragilités et prolongé sa terrible série d'insuccès : 15 matchs d'affilée sans vaincre.

La panique gagne le club, tombé à la 18e place au bout de 24 journées. La manière dont il se sépare de l'ancien sélectionneur des Bleus, le troisième de l'exercice 2020-2021 après Christian Gourcuff et l'intérimaire Patrick Collot, dit beaucoup de son état général. Rien n'est maîtrisé. L'information fuite à quelques heures du coup d'envoi de Nantes – Lens, en 32e de finale de Coupe de France. Elle parasite complètement l'approche de la rencontre, disputée à huis clos en raison de la pandémie qui perturbe encore le pays. Raymond Domenech, à distance, est rendu à l'impuissance par un premier test COVID dont le résultat « indéterminé » a été confirmé positif la veille, avant qu'un second s'avère négatif. Patrick Collot, l'adjoint chargé d'assurer l'intérim en l'absence de son supérieur, tente de faire comme si. Après la rencontre, il assurera : « Raymond était là, il a préparé le match, il a discuté avec les gars comme d'habitude, on a fait une petite visioconférence à l'hôtel. »

Mais il n'ignore rien d'un club où tout le monde s'observe, sur fond de paranoïa ou de rancœur. Domenech et ses adjoints sont eux-mêmes très méfiants envers le staff médical, au point de s'interroger, quelques instants, sur le protocole qui maintient le coach loin de ses troupes en ce froid mercredi de février.

De fait, ses dirigeants ont bouclé l'arrivée d'Antoine Kombouaré dans la matinée, sans attendre le résultat contre Lens. La nouvelle est parvenue aux oreilles des joueurs avant le coup d'envoi, et a été confirmée par des sources internes avant le coup de sifflet final. « Vous me l'apprenez, je ne suis pas au courant de ça, je ne sais pas. », reconnaîtra en conférence de presse d'après-match Patrick Collot, qui avait déjà effectué un intérim de quatre matchs entre la mandature de Christian Gourcuff et celle de Raymond Domenech. « J'étais sur le bord du terrain car Raymond voulait rester en contact avec Robert (Duverne, son adjoint n° 1) par rapport aux changements et à ce qu'il voyait du match. »

Les dernières décisions majeures de l'entraîneur Domenech auront donc été les remplacements, dès la pause, de

Ludovic Blas et Nicolas Pallois, deux des futurs héros du Stade de France, chacun en plein brouillard. Et d'avoir lancé pour la première fois chez les pros Quentin Merlin (18 ans), toujours à la pause. Mais il n'aura même pas l'occasion de saluer son groupe. Bloqué sur l'autre rive de l'Erdre, il finira par recevoir, une bonne demi-heure après l'élimination contre Lens, un appel qui lui signifie son congé : Franck Kita, le directeur général, le contacte pour prononcer le fameux « Je vous passe mon père. » Ce dernier prend le relais avec cet argument imparable : « On a tenté un coup, ça n'a pas marché. » Le 17e entraîneur de l'ère Waldemar Kita (entamée en 2007) aura été le plus éphémère, plus ou moins à égalité avec Miguel Cardoso, en début de saison 2018-2019. Et son bilan est peu défendable : 8 matchs, aucune victoire.

Raymond Domenech face au groupe nantais au centre d'entraînement de La Jonelière.

L'été suivant, au détour d'un entretien sur France Info, il affirmera : « Moi, je pense que ce qu'on avait mis en place a aussi aidé à apaiser un petit peu ce climat d'incertitude, d'inquiétude, de remettre les joueurs en confiance. Je fais partie de ceux qui ont sauvé le FC Nantes aussi. Je sais que les gens vont bondir, quelques-uns vont dire "il est fou", mais je m'en fous. » Pour lui, Waldemar Kita a « cédé un peu à la panique » en le limogeant si vite. « Ce qui est gênant dans cette histoire de Nantes, c'est que ça m'a enlevé peut-être des possibilités, osera-t-il. C'est une mauvaise pub par rapport aux gens, mais personne ne cherche à savoir ce qui s'est passé dedans. »

Raymond Domenech (70 ans) n'a, effectivement, pas trouvé de club depuis son passage en jaune et vert. Mais il n'avait pas trouvé non plus d'employeur entre le désastre de Knysna et son arrivée à Nantes, soit une décennie loin des bancs. Et il n'est pas facile, aujourd'hui encore, de trouver des arguments en sa faveur. L'ancien sélectionneur des Espoirs a bien renoué le dialogue avec les formateurs du club, mis de côté par Christian Gourcuff et la plupart de ses prédécesseurs. Pour le reste, son management a échoué. Il n'a pas relancé les leaders Alban Lafont, Nicolas Pallois ou Ludovic Blas, n'a pas installé Pedro Chirivella en patron au milieu. Après la rigidité tactique de Christian Gourcuff, il a choisi le management en douceur, a

Raymond Domenech face au groupe nantais au centre d'entraînement de La Jonelière.

cru en la capacité du groupe à s'autodiscipliner. N'a pas repris les menus et les grands écarts, a laissé certains s'affranchir de ces petites règles qui font le bon climat collectif. Quand il part, l'équipe n'est pas une pétaudière. Mais elle est incapable de s'opposer à l'atmosphère délétère autour d'elle. Le passage de Raymond Domenech constitue l'apogée de ce qu'on appelle désormais le « Kita Circus ».

Dès ses premiers pas canaris, le 30 décembre 2020 au centre sportif José-Arribas, il a mesuré l'ampleur de la défiance que sa nomination suscite. Arrivé dès 8 h 30 en compagnie de Robert Duverne, son adjoint, il apparaît sur le terrain à 10 h, suivi de ses troupes. Les membres de la brigade Loire débarquent, eux, une petite demi-heure plus tard. Une enceinte posée sur le capot d'une voiture, ils envoient, depuis la rue adjacente, l'air de l'Entrée des gladiateurs dans la Piste aux étoiles. Les fans nantais ont décidé de répondre à l'« énième provocation », la nomination du « coach le plus détesté à un moment en France par le président le plus lamentable jamais eu en Ligue 1 ».

Domenech est qualifié de « 17e marionnette […] qui fera marrer lors des prochains week-ends », les joueurs sont comparés à des « chèvres dans un spectacle animalier » et Waldemar Kita salué ironiquement pour son périlleux numéro d'équilibriste consistant à « cacher son pognon » au fisc. Plusieurs supporters massés au grillage jubilent : « Le problème à Nantes, ce n'est pas Raymond Domenech, c'est Waldemar Kita, explique Sébastien dans les colonnes de *L'Équipe*. Là, il nous fait une énième fois le coup du chiffon rouge qu'il agite dans une main pour pouvoir continuer de faire tout ce qu'il veut depuis treize ans, de l'autre pour qu'on déplace l'attention sur Domenech. Tant qu'il sera à la tête du club, on ne lâchera pas, on sera là pour dénoncer tous ses agissements. »

« Ce qu'on nous vend ce matin, c'est la cerise sur le gâteau, ajoute Frédéric, fils et petit-fils de supporters nantais. Domenech, c'est un épiphénomène. Il est l'antithèse de l'histoire du club. Sa présence ne m'inspire que du mépris et du dégoût. Dans six mois, on n'en parlera plus. »

Les gendarmes sont appelés, le ton monte brièvement entre Abdoulaye Touré et un supporter, mais aucun incident notable ne vient troubler cette première prise de contact, achevée sur une courte prise de parole du président devant les joueurs pour « témoigner de [sa] confiance et son soutien » à Domenech. Les quelques journalistes qui sont allés à la rencontre des supporters sont empêchés de revenir au bord du terrain. Difficile de réussir des débuts plus confus.

En quelques heures, le FCN devient célèbre sur les chaînes d'information de la planète entière : il est le club qui a relancé la carrière de l'homme du naufrage

Profil bas pour Kita père & fils.

Pas de doute, en 2020, ça sonne le creux à La Beaujoire !

de Knysna, pendant la Coupe du monde 2010. Ce retour sur le terrain folklorique, avec Robert Duverne chrono autour du cou, comme en Afrique du Sud, donne une tonalité clownesque à l'événement. « Le buzz a fonctionné, s'amuse un membre de la brigade Loire. On souhaitait dénoncer une situation ubuesque au club, qui dure depuis des années. Au vu de l'important relais médiatique que cela a créé, on est satisfaits. »

Le lendemain, la première conférence de presse de Raymond Domenech en tant qu'entraîneur du FCN donne le ton. Il monte seul sur l'estrade, sans membre de la direction à son côté. « Je n'espère qu'une chose : réunir tout le monde avec ce qu'on va montrer sur le terrain, parce que mon souci va être sur le terrain. On ne changera pas certaines choses pour le moment. Je ne suis pas inquiet […] Je n'ai pas de plan de carrière. Je suis venu ici pour me faire plaisir en premier, égoïstement. Je ne cherche pas à savoir si je suis le successeur de quelqu'un. Les entraîneurs, on est tous des éternels optimistes […] Un entraineur qui n'a pas cette capacité de faire abstraction de tout ce qu'il y a autour ne peut pas se concentrer sur son équipe. Il perd de l'énergie au détriment de l'équipe. S'il y en a qui veulent rester avec les boulets, moi j'avance. »

Une semaine plus tard, il expérimente le quotidien d'un club qui n'attire plus : le Brésilien Jean Lucas a préféré se relancer à Brest qu'à Nantes. « Il n'est pas chez nous, il est à Brest, c'est comme ça, réagit-il. J'aurais aimé prendre Maradona mais il est mort, c'est comme ça. Le mercato pour moi, c'est une plaie. C'est un truc où on casse le groupe, on amène des joueurs qui ne jouaient pas ailleurs. Qui ne sont pas au-dessus, je suis très réservé sur cette période. »

Son mandat démarre sur trois nuls plutôt encourageants, successivement face à Rennes (0-0), à Montpellier (1-1) et contre Lens (1-1). Cette dernière rencontre génère même des premiers regrets : le FCN a longtemps mené avant d'être rejoint à la 81e minute sur une reprise de Gaël Kakuta, après un corner mal dégagé. « On a eu de bons moments. Il y a un côté frustrant, pour le moral cela aurait été bien, positive le technicien. Mais sur le match, on ne peut pas se plaindre. » La rechute à Metz (0-2), le week-end suivant, est la première défaite de l'ère Domenech. C'est aussi le 12e match à la suite sans succès des Nantais, pire série de l'histoire du club. Le climat devient irrespirable, et le déplacement à Saint-Étienne est l'occasion ratée de trop : le FCN y mène au score à la pause (1-0) et manque, à la reprise, deux énormes opportunités d'enfoncer un rival au classement. Derrière, l'équipe plonge physiquement, est rejointe au score (1-1). Si elle évite une troisième défaite à la suite, elle ne s'exonère pas du constat qu'elle manque de jambes. Alors que son préparateur physique, Cyril Moine, est aussi celui des Bleus ! L'évidence est plus cruelle encore une semaine plus tard face au LOSC de Christophe Galtier (0-2), qui surclasse Nantes dans l'intensité athlétique. Et au bout de sept semaines, Raymond Domenech est remercié sur un bilan de quatre nuls et quatre défaites, ou trois selon que l'on porte ou non l'élimination face à Lens à son débit. Quand il quitte le club, le FCN a consommé plus d'entraîneurs (4) qu'il n'a gagné de matchs (3). Il semble monter à l'échafaud dans l'indifférence de ses propres troupes, incapables de démontrer un minimum de caractère dans un environnement lourd, qui semble les écraser. Les travées désertes du stade de la Beaujoire semblent mortifères, et si l'épisode du « Kita Circus » a beaucoup amusé ailleurs en France, à Nantes le climat est vicié.

La perquisition dans les locaux du club par la brigade financière, le jour même de l'éviction de Christian Gourcuff (le 8 décembre), a acté le sentiment que Waldemar Kita abîme l'image du club. Le dimanche suivant, des heurts opposent supporters et forces de l'ordre aux portes du stade de la Beaujoire, avant un lugubre Nantes – Dijon. Les échauffourées éclatent au moment où le cortège s'ébranle du parking Ranzay en direction de l'enceinte, uni sous le slogan « FC Kita, on n'en veut pas ! ». Les forces de l'ordre repoussent les manifestants avant même qu'ils approchent des tribunes, envoient des grenades lacrymogènes qui atterrissent, pour certaines, sur le périphérique en contrebas.

Le matin même le président a expliqué, dans un entretien au quotidien Presse-Océan : « Les supporters ne me comprennent pas. C'est facile d'insulter sans cesse. Le premier qui n'est pas content, c'est moi [...] S'ils estiment que je ne suis pas à ma place, qu'il y a d'autres gens meilleurs, il n'y a pas de problème, moi, je ne m'accroche pas. Par contre, j'essaie de ne pas laisser le club dans la m... » Son management approximatif depuis sa prise de contrôle du club, en 2007, ne passe plus.

En début de saison, le président n'a pas sanctionné la prise de parole publique de Stéphane Ziani, alors en charge des U 19, qui a exprimé l'incompréhension des entraîneurs du centre de formation face au dialogue inexistant entre le staff des pros et celui des étages inférieurs. Le FCN avance sans boussole, sans unité, et le passage de Raymond Domenech n'a pas modifié ces déséquilibres structurels. Quand l'ancien défenseur est écarté, le 10 février, après les départs de deux prédécesseurs sexagénaires (Gourcuff, Halilhodzic), Nantes vient de se tirer une nouvelle flèche dans le pied en laissant filer la fenêtre du mercato d'hiver sans recruter personne. Pire, il s'est encore déplumé en laissant filer Mehdi Abeid à Al Nasr (Dubaï). 18e du classement, il a la Ligue 2 aux trousses. À cet instant de la saison 2020-2021, c'est tout ce qu'il mérite.

Chapitre 2

KOMBOUARÉ, *un barrage contre la fatalité*

Lors de sa présentation officielle comme entraîneur du FC Nantes, Antoine Kombouaré a maintenu le cap d'une communication sobre. Mais en quittant la salle de conférence du stade de la Beaujoire, il n'a pu réprimer ce petit commentaire à l'adresse des quelques journalistes présents sur le chemin de la sortie : « C'est quoi, c'est le tribunal ? » Ce 11 février 2011, l'ancien défenseur central découvre la réalité d'un club. Très éloignée de la maison jaune où il avait grandi comme joueur, de 1983 à 1990. Il s'en doutait un peu. Il avait déjà repoussé par deux fois la proposition de rejoindre le banc canari formulée par Waldemar Kita. Il n'était pas emballé par la perspective de travailler sous les ordres d'un président aussi velléitaire. Lors des précédents échanges, il avait même repoussé les approches du dirigeant canari assez sèchement, sans prendre la peine d'une formule de politesse pour faire passer le refus.

Mais ce dernier est revenu à la charge, et cette fois Antoine Kombouaré a accepté de sauter à pieds joints dans ce qui ressemble à un piège. Il découvre donc, le jour de son intronisation, un climat abrasif. Le ton des questions posées à Franck Kita, le directeur général délégué du club, présent à ses côtés lors de cette conférence, l'interpelle. Le fils du patron n'avait pas validé le choix de Raymond Domenech, un mois et demi plus tôt. Et c'est encore de l'ancien sélectionneur des Bleus dont il est question au moment de présenter son successeur, adoubé cette fois par le duo Franck Kita – Philippe Mao (le coordinateur sportif). « Je suis ravi de vous présenter Antoine, notre nouveau coach, qui aura pour mission de maintenir le club. Vu la situation comptable, il fallait réagir, nous pensons qu'Antoine a le profil parfait pour répondre à cette mission maintien. C'est un meneur d'hommes, quelqu'un qui aime le club, qui a des valeurs. Nous sommes convaincus que grâce à son travail et à l'état d'esprit des joueurs on se maintiendra en Ligue 1. La greffe (Domenech) n'a pas pris ; à partir de là, il faut savoir accepter ses erreurs. À un moment donné, la patience a ses limites. Il faut une reprise en main d'un coach à poigne. » En un peu plus de deux mois, Nantes aura évolué de la méthode Gourcuff aux préceptes de Kombouaré, en passant par Domenech. Difficile de balayer plus large dans la catégorie entraîneurs expérimentés. Mais cette fois un grand ménage est effectué. Du staff technique n'est conservé que Willy Grondin, l'entraîneur des gardiens, en place depuis 2012. « On fait table rase du passé », résume Franck Kita. « Oui, c'est

Soupe à la grimace entre Michel Der Zakarian et Waldemar Kita.

dans cet esprit, abonde Kombouaré. Un nouveau staff, une nouvelle dynamique, un nouveau discours, une nouvelle méthode de travail. Les joueurs sont en grosse difficulté mentale, il faut qu'ils retrouvent du plaisir à jouer. »

Cela commence par un respect strict des règles de vie commune. Après les largesses accordées par Christian Gourcuff ou Raymond Domenech, l'intransigeance sur le moindre retard permet d'installer clairement la rupture. Dès le premier entraînement, le coach tance les quelques joueurs arrivés à la bourre. Ils ont de bonnes raisons, avec la neige qui a engorgé une circulation déjà perturbée par le déplacement en ville du président Macron, mais qu'importe : dans ce nouveau FCN, le temps des excuses est terminé. D'entrée, Antoine Kombouaré en impose. Et d'entrée il gagne, surtout. Le court déplacement à Angers montre que le groupe sans ressort de l'époque Domenech n'est pas complètement à plat. Nantes réussit un début de match canon, mène 2-0 dès la 7e minute de jeu, puis bénéficie de la réussite qui accompagne les plus volontaires : quand le SCO revient à 2-1 sur penalty, à la 33e, le FCN subit vraiment la partie, et si Sofiane Boufal n'avait pas envoyé le ballon sur la barre au terme d'une ébouriffante série de dribbles (50e), le sort de la rencontre aurait sans doute été différent. Tout ce qui a suivi, aussi. Au lieu de cela Ludovic Blas, auteur d'un grand match, offre le troisième but à Kader Bamba à la 86e. C'est la fin de la pire série de l'histoire du club (15 matchs d'affilée sans succès en championnat), et cela valide les choix du nouveau technicien : Nicolas Pallois relégué sur le banc au coup d'envoi, Abdoulaye Touré sorti dans le temps additionnel de la première période alors qu'il accumule les bourdes. « C'est surtout une belle surprise, avoue Antoine Kombouaré, la voix cassée. Je ne vous cache pas qu'avant d'aborder un match on voit, on pense à des choses et on travaille dans ce sens-là. Et aujourd'hui ça s'est déroulé pratiquement comme je le pensais. On rêvait d'un début de match conquérant, j'avais demandé qu'on n'ait pas peur, qu'on joue, et on a fait un début de match exceptionnel. » Ces entames réussies seront les compagnes régulières des succès canaris sous Kombouaré. Mais c'est l'esprit de corps manifesté au stade Raymond-Kopa qui tranche avec ce qui avait précédé. « Aujourd'hui il y a eu plus d'envie, on a été plus solidaires, constate Alban Lafont. On voit que ça paie quand tout le monde court, se donne à 100 %. [...] Il nous fallait un petit coup de fouet, il y a beaucoup de jeunes dans cette équipe, ils ont besoin d'être guidés. » Même s'il glisse « La révolte, ce n'est pas parce que je suis arrivé, c'est parce que les joueurs ont pris conscience de la situation », Antoine Kombouaré sait qu'il a enclenché une nouvelle dynamique. C'est déjà ça. Il ne dévie pas de sa ligne, écarte rapidement Thomas Basila, Bridge Ndilu et Jean-Kévin Augustin, pas au niveau à ses yeux. Les trois sont envoyés en équipe réserve, comme le sera un peu plus tard Batista Mendy, coupable de ne pas avoir assisté à un repas pour célébrer l'anniversaire d'Abdoulaye Touré. Kader Bamba, un peu trop critique sur la qualité des séances proposées, sera lui dégradé pour une semaine d'entraînement à l'étage du dessous. Il ne réintégrera plus le groupe pro les jours de match, malgré son profil atypique et les interventions de plusieurs cadres pour infléchir cette mise à l'écart.

Car le parcours vers le maintien en L1 reste un chemin de croix. Au soir de la 25e journée, Nantes est toujours barragiste. Son nul contre Marseille (1-1), six jours plus tard, confirme l'impuissance canarie à domicile, devant des travées vidées par le COVID : c'est son dixième match d'affilée sans victoire sur sa pelouse (6 nuls, 4 défaites), et il s'est passé plus de choses devant l'arrêt de tram Beaujoire, avant le match, que sur le terrain. Le quatrième rassemblement de supporters nantais en moins de deux mois, à l'appel de neuf associations, a réuni 400 personnes. Romain Gaudin, le leader de la brigade Loire, le principal groupe de fans canaris, a diffusé un message de soutien d'Eddy Capron, champion de France 1995, quelques jours après la révélation, dans les colonnes de *France Football*, du projet de reprise du club mené par Mickaël Landreau. Le vaisseau tangue plus que jamais.

Contre Marseille, Nantes a été rejoint au score, comme il le sera à Nîmes une semaine plus tard, face cette fois à un adversaire direct dans la course au maintien. L'équipe va mieux, mais elle ne tient pas encore la distance. Et continue de patauger au classement. Après le revers contre Nice (1-2), le 4 avril, il est même relégable, à quatre points du 17e, Lorient. C'est le moment choisi par Antoine Kombouaré pour secouer le cocotier, au sens propre. Excédé, il donne des coups de pied dans des sacs, à l'entrée du vestiaire. Il est même tout près de l'affrontement physique avec Nicolas Pallois, venu lui demander de se calmer. C'est l'intervention de coéquipiers qui mettra un terme à cette brusque montée en température. À ce moment de la saison, l'apport du successeur de Raymond Domenech ressemble à un cataplasme sur une jambe de bois. Le succès inespéré au Parc des Princes (2-1, le 14 mars), au soir de la 29e journée, n'a pas eu de suite. Au matin de la 34e journée, le FCN vient d'aligner trois revers d'affilée contre des formations qui ne disputent pas le même championnat que lui (Nice, Rennes et Lyon). Nîmes, le barragiste, est trois points devant, et cette 18e place semble déjà un objectif ambitieux.

Mais l'entraîneur a trouvé son schéma, avec un 4-2-3-1 qui renvoie Andrei Girotto sur le banc, une charnière Castelletto – Pallois, le duo Chirivella – Louza devant la défense et le trio Kolo Muani – Blas – Simon pour soutenir Kalifa Coulibaly en pointe. Le dispositif trouve enfin une récompense à Strasbourg (2-1), avec un succès construit en deuxième période, le premier d'une série de quatre victoires au cours des cinq dernières journées. « Il y a eu une espèce d'effet déclencheur, affirmera plus tard Dennis Appiah, à propos de cette mi-temps dans le vestiaire du stade de la Meinau. On sentait que ça nous lâchait et qu'on n'avait plus nos chances entre nos mains. Puis on est revenus avec plus de courses, de générosité. On est sorti en gagnant et on a vu qu'on pouvait faire des choses positives. » Le coach évoquera, lui, « une prise de conscience. On l'a dit après le match, on s'est fait très peur, on a failli toucher le fond. On a enclenché une dynamique de victoires, et derrière on a enchaîné. Maintenant, on en veut toujours plus. » Quelques « mots justes » selon Alban Lafont, du genre : « Si on continue comme ça, ce ne sera pas un but à la fin mais quatre ou cinq » ont électrisé l'équipe. Le recentrage de Randal Kolo Muani au côté de Kalifa Coulibaly, dans un 4-4-2, a aussi produit son effet. Le FCN finit sa saison en trombe (4-1 à Brest, 3-0 contre Bordeaux et 4-0 à Dijon). Pas au point de se sauver. Assuré d'être au pire barragiste avant la dernière journée, il se manque à Montpellier. Face à un adversaire qui ne joue rien sinon des jolis adieux pour son entraîneur, Michel Der Zakarian, le FCN est virtuellement maintenu à un quart d'heure du terme, grâce à la défaite de

Mickaël Landreau dans la coulisse.

Brest à Paris (0-2). Il est victime d'un terrible enchaînement à la 76e minute, lorsque son coach effectue un double changement pour renforcer sa défense (entrées de Girotto et Coco aux places de Coulibaly et Simon), quelques secondes avant le deuxième but héraultais, signé Andy Delort. « Ce n'était pas notre soir. Il faut admettre ça. Je n'ai pas grand-chose à reprocher à mes joueurs. On a fait ce qu'il fallait pour gagner, mais on commet deux erreurs lourdes de conséquences. » Comme il l'envisageait dès sa nomination, le FCN doit passer par les barrages. « J'aurais préféré me tromper, mais il ne faut pas dramatiser. On est prêts. Il nous reste deux matchs pour nous sauver. »

« Le bâton, des fois, il vous revient dans la figure », sourit Michel der Zakarian, qui savoure sa revanche. L'ancien joueur et entraîneur du club avait été privé d'une sortie digne en 2016, quand les dirigeants lui avaient coupé le micro alors qu'il venait saluer la brigade Loire après son dernier match comme entraîneur du FCN. Cette fois, dans le même stade, il a regagné le vestiaire via une haie d'honneur formée par les joueurs héraultais, et il était facile d'y voir un symbole pour le « FC Kita », enterré symboliquement quelques heures plus tôt par les supporters à proximité de la Beaujoire. « Alors, vous êtes content, Michel ? », a osé le président nantais à l'issue des débats. « Oui, je suis content pour vous, pas pour le FC Nantes », a rétorqué Der Zakarian. « Excusez-moi mais vous comparez une Mercedes avec une 2CV », avait lâché Waldemar Kita en 2017 sur le plateau de Canal+ Sport, quand il lui avait été demandé d'évaluer MDZ par rapport à Claudio Ranieri. « Investissez dans les 2CV », a proclamé sur Twitter Andy Delort, après le succès héraultais en Loire-Atlantique.

Remontent aussi à la surface, ce jour-là, ces paroles prononcées le jour de son intronisation par Antoine Kombouaré : « Si vous êtes 18es, c'est que vous avez beaucoup de lacunes, il faut rectifier le tir et très vite. Les joueurs savent qu'ils sont mauvais en ce moment, que s'ils sont là c'est aussi de leur faute, qu'ils doivent être un peu responsables. »

Nantes, qui a eu le temps de s'imaginer sauvé, écope d'une semaine de rab. Quelques jours d'extrême tension en plus, au bout d'une saison éreintante, tant physiquement que nerveusement. Alban Lafont et Randal Kolo Muani, qui devaient disputer l'Euro Espoirs, en sont privés. « C'est clair qu'après le match ça a été dur, très dur, reconnaîtra Antoine Kombouaré. Le lendemain c'était comme dans un combat de boxe quand vous prenez un uppercut. Ça a été compliqué, mentalement les joueurs sont revenus en difficulté parce qu'on se voyait tous déjà partir en vacances, et puis finalement non. Le sport nous ramène toujours à la réalité. »

Celle du FCN, c'est l'évidence d'un groupe qui s'est trop longtemps égaré. « Si on avait eu toute la saison la même mentalité que lors des derniers matchs, on serait loin de la place de barragiste », rappelle Ludovic Blas à la veille de la rencontre aller. Cette première manche est un cruel rappel du décalage entre les deux dynamiques. D'un côté Nantes, ville tapissée de slogans anti-Kita jusqu'aux murs de la Jonelière à la veille de ce rendez-vous crucial. « Avec d'autres dirigeants et un projet cohérent, vous auriez eu tout un peuple derrière vous. Kitaout », proclame la banderole déployée sous le nez du club. De l'autre, un

TFC soutenu comme jamais, des milliers de supporters qui accompagnent leurs joueurs jusqu'à l'entrée du Stadium, un car qui accède à l'enceinte au pas, dans le brouillard des fumigènes.

Mais il faut croire que ce type de manifestations n'a pas un énorme impact lorsqu'il s'arrête aux portes du huis clos : sur le terrain, il y a un écart substantiel entre le 18e de Ligue 1 et le 3e de Ligue 2. Ludovic Blas inscrit son 11e but de la saison, Randal Kolo Muani son 10e, et si le centre de Dennis Appiah n'avait pas échoué sur le poteau ou si Kalifa Coulibaly n'avait pas illustré sa maladresse chronique à la conclusion d'un festival signé Ludovic Blas, l'affaire aurait été pliée dès la pause. À l'arrivée, Nantes s'impose sur une marge minimale (2-1), et sa deuxième période plus pénible physiquement l'expose à une certaine inquiétude. « J'ai confiance en moi et en mes coéquipiers, si on continue à jouer comme on a joué les derniers matchs, on restera en Ligue 1 », assure RKM à la sortie.

Évidemment, puisque c'est de Nantes qu'il s'agit, rien ne se déroule comme espéré. Les quelques centaines de supporters mobilisés pour accompagner l'arrivée du car nantais ne décrispent pas une équipe plus ou moins bloquée dès qu'elle évolue dans une Beaujoire vide. Le onze d'Antoine Kombouaré ne parvient pas à se libérer. Il est proche de la liquéfaction à partir de la 62e minute, quand Vakun Bayo ouvre le score de la tête. « Un non-match, le pire de toute la saison, je crois, expliquera Alban Lafont. Jusqu'au bout, jusqu'à la dernière

minute de la saison… Ça a été une saison très, très dure jusqu'au bout. C'est une pression que vous ne pouvez même pas imaginer. Alors voilà, c'est un grand soulagement. » Nantes se maintient grâce à la règle du but marqué à l'extérieur, qui vit ses dernières heures. Grâce à la mansuétude arbitrale, aussi : une main de Charles Traoré dans la surface n'est pas sanctionnée en raison d'une faute préalable, selon Benoît Bastien. « Un vol » devait dire Damien Comolli, le président du TFC. « Comment peut-on ne pas siffler penalty ? s'insurgera Patrice Garande, l'entraîneur des Violets. Il faudra qu'on nous explique clairement qui décide. Pourquoi certains vont visionner l'image et pas d'autres ? Je ne vais pas réduire le match juste à cela mais l'équité, ce soir, il n'y en a pas eu. »

La rancœur toulousaine ne va pas gâcher le soulagement canari. « On a été tétanisés par l'enjeu, reconnaît Antoine Kombouaré. C'est à l'image de la saison de ce club, de ces joueurs. Une saison incroyable, tellement compliquée. Le maintien, c'est la récompense de leur abnégation, de leur travail, et puis de leur talent aussi. C'est la première fois que je suis heureux après une défaite, que je ressens autant d'émotion, que j'ai autant crié ma joie. Je n'avais jamais vécu ça en tant qu'entraîneur. On n'est pas passés loin de la catastrophe, de l'enfer. »

L'entraîneur ne cache pas son émotion au moment de revenir sur ces trois mois et demi sous tension extrême, où il a remis à l'endroit une équipe en perdition. « C'était un pari fou. C'est un miracle. Honnêtement, si j'avais écouté beaucoup de mes proches, je ne serais pas venu. C'était mon club, le FC Nantes, à qui je devais tout, alors je me suis dit que si je pouvais l'aider… Je l'aurais très mal vécu si nous étions descendus en L2. Ça aurait été terrible, atroce. Ce que je vis est très intense. »

« Je pense que sans Kombouaré, on ne serait pas arrivé à se maintenir », estime Alban Lafont. Après la rencontre, Waldemar Kita a évoqué au micro, au pied de la tribune officielle, devant les partenaires du club « une saison de merde, j'espère qu'on ne revivra plus jamais ça » et insisté sur les « valeurs humaines très importantes » de son entraîneur. Le succès a des allures d'union sacrée. Le FCN et ses salariés s'avancent vers une soirée de fête, où la légèreté aurait enfin sa place. Mais quelques-uns, dont l'agent Mogi Bayat, directeur sportif officieux du club présent sur la pelouse au coup de sifflet final, ont la lumineuse idée de faire une petite excursion à l'extérieur de l'enceinte. Ils vont déterrer le cercueil du « FC Kita » symboliquement enfoui à proximité du stade une semaine plus tôt par des ultras du club. Très vite, quelques clichés de la scène circulent, et la fin de soirée part en vrille. Sur les coups de 22 h 30, alors que les Kita père et fils viennent de quitter les lieux, une bonne dizaine d'individus cagoulés pénètrent dans l'enceinte et agressent la trentaine de personnes encore présentes. L'esclandre fait deux blessés légers et donne une conclusion sordide à cette soirée de la délivrance. Bien dans le ton de cette saison si particulière. À ce moment-là, qui peut croire que Nantes sera le roi de la fête, moins d'un an plus tard, au Stade de France ?

« À un moment donné, je me suis posé, je me suis dit : "Pourquoi pas ?" Le club est en grande difficulté, sinon je ne serais pas là. J'ai un attachement très fort [pour le] club, je suis triste de le voir en difficulté, j'ai envie de le sauver. Je n'ai jamais rêvé d'entraîner Nantes comme je n'ai jamais rêvé d'entraîner le Real Madrid, mais je suis très content d'être là. Ce qui s'est passé avant, c'est le cadet de mes soucis, j'ai confiance en mon travail, c'est comme un match, je viens pour le gagner. » « Tout ce qui se passe à l'extérieur, sincèrement, je m'en moque », ajoute Franck Kita, directeur général délégué du FC Nantes. Il a rapidement perçu l'enthousiasme relatif de ses interlocuteurs, même derrière les masques. Antoine Kombouaré est le 18e entraîneur de l'ère Kita (entamée en 2007), le quatrième d'une saison à trois matchs gagnés. Il arrive après que le mercato d'hiver a encore amenuisé les ressources du groupe – départ de Mehdi Abeid, zéro arrivée –, en même temps qu'il a acté la rupture entre Domenech et sa hiérarchie. Alors, sur tous ces sujets, ce sont les explications de Franck Kita qui étaient attendues, pas les siennes. Le fils n'a jamais été un chaud partisan de l'option Domenech, choix du papa, et il a esquissé un portrait-robot du nouvel arrivant comme on égrènerait les manques du prédécesseur. Le licenciement de l'ancien sélectionneur des Bleus, staff compris, a au moins remis le club face à la réalité : le problème nantais, ce n'est pas l'entraîneur. En plus d'organiser avec une confondante régularité la dépréciation de leur effectif, mercato après mercato, les dirigeants entretiennent avec une remarquable constance la défiance du public à leur égard. Interrogé à ce sujet, Franck Kita a lâché : « Dès qu'il n'y a pas de résultat, c'est comme ça dans tous les clubs. Dès que ça gagne quelques matchs, ça repart. » Lorsqu'il a été relancé sur une possible vente du club qui mettrait fin à quatorze années de souffrance commune, il a ajouté : « Je ne suis à l'écoute de rien du tout. C'est notre club, on l'aime. Tout ce qui se passe à l'extérieur, sincèrement, je m'en moque totalement. » À Nantes, les entraîneurs passent, les repères restent : c'est toujours Kita contre le peuple jaune et vert.

GIROTT
3
MILLET
Fenêtres et Façad
MERLIN
FLAMINO

SYNERGIE
INTERIM - CDI
SANTÉ
ZE
bet
BLAS
10

Chapitre 3

QUAND NANTES ÉTAIT *fâché avec la Coupe*

Longtemps, il n'y a rien eu de tel que les matchs de coupe pour alimenter la caricature, opposer le romantisme canari au réalisme des autres prétendants, de Saint-Étienne à Strasbourg en passant par Lyon. Le FC Nantes incapable de s'adapter à la dureté de ces affrontements sans recours ? Il y a un peu de cela. D'ailleurs, Jean-Claude Suaudeau le revendiquait presque dans les colonnes de *L'Équipe*, à quelques jours de la finale remportée contre Nice : « Moi, c'est l'accès à la finale qui m'intéressait, expliquait l'ancien joueur et entraîneur jaune et vert. Après, c'est votre finale à vous, les joueurs. J'ai toujours conçu ça comme ça. À Cholet aussi j'ai fait des finales, et comme joueur j'étais comme ça. Sans doute que je ne préparais pas bien ma finale. Sûrement manquait-il quelque chose. »

Pendant ses plus belles années, celle où il était la référence du jeu collectif en France, le FCN s'est construit un palmarès totalement déséquilibré : en 1995, 32 ans après son accession dans l'élite, il comptait sept titres de champion et une seule Coupe de France ! Comme si sa réticence au combat, son goût pour l'esquive, ne pouvaient s'accorder avec cette épreuve.

Y avait-il, aussi, une part de snobisme ? Peut-être bien, si on en croit Georges Grabowski, acteur de la première finale perdue, en 1966. Nantes a été sacré champion avec une avance considérable de sept points sur son poursuivant, Bordeaux (la victoire rapporte alors deux points). « On est arrivés au Parc des Princes en étant sûrs de la gagner », reconnaissait en mai dernier, dans les colonnes de *Ouest-France*, l'ancien arrière droit. Ce 22 mai 1966, Nantes laisse échapper le doublé coupe-championnat, premier rendez-vous manqué d'une longue série.

Contre Strasbourg, au moins, il a une bonne excuse. Pour le club débarqué trois ans plus tôt au plus haut niveau, ce rendez-vous au Parc des Princes est une découverte, quelques jours après le gain du deuxième titre de l'histoire du FCN. « Il n'y avait pas de remplaçant à l'époque, ça nous a bien fait suer », rappelle Jean-Claude Suaudeau en référence à la blessure de Ramon Muller, qui avait laissé son équipe à dix dès la demi-heure de jeu. Mais ce coup du sort n'explique pas tout. Dans la préparation de l'événement, Nantes s'est manqué : « Nous étions partis à Paris, dans un bel hôtel de la capitale, deux jours avant le match qui se jouait un dimanche après-midi. Nous étions sereins, tranquilles. José Arribas, l'entraîneur, était comme ça. Paternaliste, serein, très calme aussi, se souvient Grabowski. On était tellement dans l'euphorie du championnat, gagné assez largement, que nous avons manqué notre finale. On s'est vu trop beau. À titre personnel, j'ai le souvenir de ne pas avoir été bon. Hausser m'avait causé plein de tralalas, sur son aile gauche. » Une forme de suffisance, peut-être. Une façon de concevoir la finale comme une récompense, sans doute. « On pensait que rien ne pouvait nous résister et on l'a eu dans le baba, continue Grabowski. Une finale c'est tout autre chose. Il faut ce supplément, cette envie de tout croquer. Strasbourg l'avait. Et puis il y a eu cette blessure de Muller. Nous avons joué pendant une heure à 10 contre 11. On a mal vécu cette injustice. Ce n'était pas une bonne finale. Trop prétentieux, on n'a jamais réussi à retrouver le goût de notre jeu. Et Strasbourg ne nous y a pas aidés. Dès qu'ils le pouvaient, les Strasbourgeois, à l'image de Kaelbel, dégageaient dans les tribunes. »

Il y a certainement quelque chose de constitutif dans cette forme d'aversion pour la coupe. Avant d'intégrer l'élite du championnat de France, le FCN ne va jamais bien loin dans la compétition. De son premier match dans l'épreuve, le 17 octobre 1943 contre l'US Basse-Indre, à son arrivée en Division 1, il ne dépasse jamais les 16es de finale.

Ensuite, Nantes change de dimension. Il a été demi-finaliste en 1964 avant d'être finaliste en 1966. En 1970, il retrouve en finale son rival stéphanois, monté en D1 en même temps que lui en 1963. Autant le FCN semble éloigné de la dureté des matchs couperet, autant l'ASSE paraît taillée pour ces joutes. Cette année-là, en plus, les individualités vertes sont supérieures à celles alignées par Nantes, qui vit une transition entre la génération de pionniers et celle d'Henri Michel. Il a fini 10e en championnat, très loin des Verts, qui ont écrasé la concurrence pour engranger un quatrième titre d'affilée. C'est la dernière finale disputée à Colombes. La dernière, aussi, précédée de la poignée de mains avec Charles de Gaulle. « Ce fut un calvaire, avait expliqué Georges Eo dans *Ouest-France*. Personnellement, je me souviens avoir été transparent, peut-être à cause du contexte. Me retrouver là, à ce niveau, je n'en ai pas pris conscience J'ai d'ailleurs été remplacé à la mi-temps par Claude Arribas (il est sorti sur blessure). Les joueurs les plus expérimentés, comme Philippe Gondet et Roger Lemerre se demandaient ce qui était en train de se passer. Il faut aussi dire que Saint-Étienne était vraiment très fort cette année-là. Nous représentions la force collective quand l'ASSE s'appuyait sur de fortes individualités, de nombreux internationaux aussi. Ils étaient de même plus matures que nous. Au coup de sifflet final, il y avait beaucoup de déception. Les regards étaient fuyants, il n'y a pas eu de grosse colère, José Arribas le coach, était très paternaliste. Il y avait aussi une petite honte, une certaine gêne. Surtout que le lendemain, les deux équipes étaient invitées au journal *L'Équipe* comme le voulait la tradition. Là, il a donc fallu à nouveau croiser nos adversaires, euphoriques… On regardait le bout de nos chaussures. »

Difficile match retour pour les Canaris à l'Estadio Mestalla, contre le FC Valence en Coupe des coupes.

Nantes est balayé 5-0, le score le plus large jamais enregistré en finale de la Coupe de France. Ce deuxième échec assoit, déjà, la réputation d'une équipe incapable de répondre au défi athlétique quand le niveau s'élève. Un constat confirmé en 1973, date d'un troisième loupé, face à Lyon cette fois. Comme en 1966, le FCN vise le doublé. Comme lors des deux tentatives précédentes, il manque de réussite (Henri Michel se blesse dès la 1re minute, Hugo Bargas après un quart d'heure) et n'est pas aidé par l'arbitre (Trivic marque sur penalty, Bernard Lacombe de la main). Mais il ne peut s'abriter derrière de vagues excuses : malgré le retour de Philippe Gondet, remis de ses opérations aux genoux, il manque quelque chose à cette équipe. Le premier tour de la Coupe des clubs Champions européens en constituera un terrible rappel, quelques mois plus tard. Face à Vejle, le champion du Danemark, Nantes n'échappe pas à la tempête qui lui coûte deux buts de retard dès la 17e minute. Il revient malgré tout au score et ce nul (2-2) semble suffisant. Or le retour, au stade Marcel-Saupin, est un calvaire : face à un adversaire dur, athlétique, l'équipe de José Arribas bute pendant une heure, jusqu'au but adverse. L'élimination précoce fragilise le club sur le plan financier. Elle renvoie, surtout, l'équipe à ses limites. « Dans le football français, nous prenons nos désirs pour des réalités, cingle après la rencontre l'entraîneur basque. Nous avons confiance en une force que nous n'avons pas. » Et Nantes, dont la qualité de jeu devient une référence, se construit une réputation qui le poursuivra tout au long de la fin du siècle.

Les Verts lui infligeront d'ailleurs une autre claque cuisante en 1977, en demi-finale cette fois. « [...] à l'aller, on leur met 3-0, comme en Championnat, se souvient Raynald Denoueix. Chez eux, il y a 4-1 pour eux mais plus que quelques secondes à jouer. Ils ont un coup franc et Rocheteau me dit : "Bon c'est râpé pour nous." Coup franc, tête, but : 5-1. Pendant trois jours, j'étais défoncé. Le lendemain aux Basses-Landes (où s'entraînait alors le FCN), on était à l'agonie. La Coupe, quand tu perds, c'est terrible. » Nantes semble alors maudit. Cette correction est l'exacte réplique du 5-1 infligé, déjà après prolongation, à l'ASSE en quarts de finale de l'édition 1973. La tête d'Hervé Révelli, avec l'arrière du crâne, popularise le chant alors en vogue dans les travées du stade Geoffroy-Guichard : « Cuits, cuits, cuits, les Canaris sont cuits. »

Y a-t-il une incompatibilité entre le style prôné par le FCN et la Coupe ? Claude Arribas, le fils de José, en conviendra en 2014 dans *So Foot*, en évoquant son père : « C'était plus un esthète que quelqu'un qui veut absolument la gagne, même si c'est convenu en football [sic] de dire qu'on souhaite gagner... Peut-être que la Coupe, ce sont des matchs particuliers alors que le championnat récompense fatalement le plus méritant. La Coupe fait appel à d'autres valeurs, parfois cultivées plus facilement dans d'autres clubs, comme le combat, la force mentale, Nantes étant plus axé sur la circulation de balle, le jeu rapide. »

Sa première Coupe de France, le club finira par la conquérir sous les ordres de Jean Vincent, seul entraîneur qui ne soit pas sorti du moule canari à avoir enrichi son palmarès. Lors de sa signature pour remplacer José Arribas, en 1976, l'ancien Rémois aurait entendu cette phrase de la bouche du président Louis Fonteneau : « Le titre de champion, ici nous en avons l'habitude. Mais si vous pouviez nous aider à rapporter la Coupe de France, alors nous vous élèverions une statue. »

Jean Vincent n'aura jamais la statue, ni même le statut. Sur la fresque qui ornait, il y a quelques années le tunnel du stade de la Beaujoire, ne figuraient qu'Arribas, Suaudeau et Denoueix. Comme si l'ancien international, l'ancien membre de l'épopée de la Coupe du monde 1958, devait être mis dans le même sac que Miroslav Blazevic, le tortueux coach des années sombres (1988-1991). Pourtant il a réussi là où Arribas et Suaudeau ont échoué : gagner la Coupe de France. Pour atteindre la finale 1979, il a écarté Nice en 8es de finale, Marseille en quarts et Angoulême en demi. Au Parc des Princes il affronte l'AJ Auxerre, encore en D2 et tombeuse au tour précédent de Strasbourg, championne de France pour la seule fois de son histoire. « Ce sera cette année ou jamais », proclame Henri Michel, qui donne le ton : ce succès sera une consolation du championnat, qui lui a échappé. Le meilleur joueur de l'histoire du FCN sera le premier capitaine des jaune et vert à brandir cette maudite coupe, sous les sifflets d'une partie du public. Les spectateurs espéraient mieux, sans doute, de cette équipe qui a entamé la rencontre comme tétanisée par la pression. « On a tellement dit et redit aux joueurs depuis des années "Vous n'avez pas l'esprit Coupe, il vous manque ceci, il vous manque cela", qu'ils sont entrés sur la pelouse contractés, même très contractés, constatera

Jean Vincent, entraîneur du FC Nantes de 1976 à 1982.

Eric Pécout, auteur d'un triplé en finale de la Coupe de France 1979 contre l'AJ Auxerre.

Jean Vincent. C'est bien simple, je ne les avais jamais vus ainsi. Les gars semblaient paralysés. »

Le but d'Éric Pécout dès la 11e minute ne les délivre pas. Serge Mésonès, le capitaine bourguignon, égalise logiquement à la reprise (49e) et Jean-Marc Schaër manque, plus tard, une occasion énorme alors que l'arbitre n'a pas signalé sa position de hors-jeu. Le FCN, écrasé par l'enjeu, est passé tout près d'une déception considérable. Durant la prolongation, Auxerre manque de jambes. Éric Pécout inscrit, à la 104e, le deuxième but qui libère pour de bon les Canaris. Oscar Muller triplera la mise avant que l'avant-centre devienne, en fin de match, le premier auteur d'un triplé en finale de l'épreuve. Le score (4-1) est large, à la mesure du soulagement nantais. « L'équipe sait aussi se battre, serrer les dents, faire front et résister aux vents contraires, savoure après la rencontre Jean Vincent. Et maintenant que Nantes a vaincu tous ses fantasmes et toutes ces histoires qui le hantaient, croyez-moi, de nouvelles perspectives se présentent à nous : le déclic s'est produit et d'autres succès suivront... »

L'histoire ne sera pas loin de lui donner raison : la saison suivante, en demi-finale de la Coupe des vainqueurs de coupes, le FCN réalise une manche aller assez exceptionnelle face au Valence de Mario Kempes (l'autre demi-finale oppose Arsenal à la Juventus Turin). Elle est mal récompensée (2-1) et sera balayée au retour (0-4), charriant des regrets aussi lourds que ceux laissés, en 1996, par la bande de Japhet N'Doram face à la grande Juventus Turin de Didier Deschamps en Ligue des champions.

Et en fait, rien ne change. Même le plus grand Nantes de l'histoire sur le plan du jeu, celui concocté par Jean-Claude Suaudeau pour sa première saison à la tête des pros, en 1982-1983, se fait avoir. Cette équipe inspirée du Brésil de Tele Santana, qui avait enchanté la planète lors de la Coupe du monde 82, a survolé le championnat. Elle est la grande favorite de l'affrontement face au Paris-SG, quand bien même ce dernier est le tenant du titre et joue à domicile, au Parc des Princes. « On a perdu un match qu'on devait gagner tous les jours, reconnaît Patrice Rio. À aucun moment on n'a imaginé perdre. L'équipe avait un réel problème, elle était un peu trop sûre d'elle, trop sûre de son jeu. » Elle se relève vite d'un coup du sort, ce coup franc de Zaremba sur lequel Jean-Paul Bertrand-Desmanes se couche trop tard (3e). Bruno Baronchelli égalise, après un contrôle orienté formidable, José Touré donne l'avantage au FCN sur un but imprimé pour l'éternité dans la mémoire de tout amoureux du football. Et Nantes semble voler vers le premier doublé de son histoire. Las, Vahid Halilhodzic, le meilleur buteur de D1, manque l'occasion du 3-1 sur une action où il oublie un partenaire mieux placé. Et, le FCN, comme vaincu par la chaleur accablante, baisse de rythme. Le PSG en profite, via un petit festival de Safet Susic, puis un but de Toko.

Il reviendra dix ans plus tard, face au même adversaire mais dans un contexte totalement différent. En 1993, les Canaris se relèvent à peine d'années d'errance, avec un entraîneur, Miroslav Blazevic, à la moralité douteuse (il est limogé en janvier 1991), et un président, Max Bouyer, qui a vu trop grand au point de pousser le club au bord du précipice. Menacé de rétrogradation par la DNCG au début de l'été 1992, le FCN est reparti avec un effectif rajeuni comme jamais. Il finira pourtant cinquième du championnat et obtiendra son billet pour la finale en s'imposant sur la pelouse de Saint-Étienne (1-0), but de Nicolas Ouédec sur passe de Japhet N'Doram. Mais au Parc des Princes, il tombe sur un Paris-SG

Japhet N'Doram s'échappe contre le PSG de Daniel Bravo.

bien plus expérimenté que lui, gavé d'internationaux dans toutes les lignes. Le premier très grand PSG de l'histoire, tout simplement. Et après une première période fermée, le FCN s'écroule lorsque l'arbitre, M. Harrel, siffle un penalty pour une faute légère de Christian Karembeu dans le dos de Laurent Fournier. Le futur champion du monde explose de colère, bouscule l'arbitre et est expulsé. La double, voire la triple peine puisque c'est l'autre néo-calédonien du match et ancien Nantais Antoine Kombouaré qui transforme le penalty. Deux autres canaris (Jean-Louis Lima et Zoran Vulic) sont expulsés, deux autres buts sont marqués, par David Ginola et Alain Roche, et le FCN laisse une image déplorable en plus de la malédiction qui s'installe. C'est son cinquième échec en six tentatives. En mai dernier, à quelques jours de la finale entre Nantes et Nice, Jean-Claude Suaudeau témoignait dans L'Équipe : « On les a jouées, mais pas bien. On a fait deux fois le PSG au Parc, chez lui, aussi. Moi, je jouais un adversaire. Coupe ou Championnat c'était pareil. C'est peut-être pour ça qu'on a perdu en finale d'ailleurs. Mais je ne me vois pas le défendre à tout prix parce que c'est le PSG. » Mais il niait encore le moindre syndrome : « Alors pas du tout. Ce qui m'embêtait, c'étaient les journalistes qui n'arrêtaient pas de dire que Nantes n'était pas une équipe de coupe. D'Europe ou de France. »

Quand il découvre le Stade de France pour sa septième finale, en 1999, le FCN sait surtout qu'il ne sera bientôt plus le même club. « Sitôt la Coupe de France terminée, nous ferons tout pour trouver rapidement un repreneur, expose le président, Kléber Bobin, nommé par la mairie pour passer les plats en attendant. Ce sera notre objectif prioritaire pour le début de la saison prochaine. » Un an plus tôt, la candidature d'un certain Waldemar Kita a été repoussée. Les joueurs et les entraîneurs, eux, ont appris à évoluer dans ce cadre bizarre, dans un club sans grands moyens mais où, au moins, on fiche la paix aux entraîneurs. Au début de la saison 1997-1998, Raynald Denoueix a d'ailleurs été intronisé par Jean-Claude Suaudeau lui-même, qui n'a prévenu personne de sa décision, ni ses supérieurs ni son successeur !

Pour arriver jusqu'à Saint-Denis, l'équipe de l'ancien directeur du centre de formation a surtout écarté Paris, aux tirs au but, en 16es de finale. Derrière, il s'est imposé face à Metz puis deux équipes de L2, Guingamp et Nîmes. Ce 15 mai 1999, il a face à lui Sedan, sur le point de retrouver la L1 à la surprise générale. C'est une petite finale, qui bascule sur un penalty généreux accordé par M. Garibian pour une faute de Stephane Borbiconi sur Frédéric Da Rocha, à la 57e. Olivier Monterrubio, révélation de la saison en attaque (8 buts en 30 apparitions), saute sur l'occasion. « Je sais bien qu'il y a plus de talent ailleurs, je ne suis pas aveugle, réagit Frédéric Da Rocha après la rencontre. Mais à côté de cela, le club ne doit pas être mécontent de nous et de notre façon d'engager la compétition. Nous avons beaucoup appris ces derniers temps. On aime le beau jeu, le style, ce style qu'on nous a inculqué, cette école nantaise dont on sort, mais on apprécie aussi le réalisme... »

Un an plus tard, le contexte n'est guère plus porteur pour Nantes, toujours pas racheté et surtout toujours pas sauvé. Tombeur en demi-finale de l'ogre monégasque au stade Louis II (1-0), le FCN retrouve le Stade de France avec, en toile de fond, la crainte de tomber en Ligue 2 pour la première fois depuis son accession à l'élite, en 1963. Il n'a qu'un point de marge sur la zone de relégation avant la dernière journée, au Havre, six jours après la finale de la Coupe de France. Dans l'idée de préserver au maximum ses forces, Raynald Denoueix a mis de côté un joueur qu'il juge indispensable pour le déplacement en Normandie, et son équipe n'est pas plus à l'aise que les précédents adversaires de Calais, première équipe de quatrième niveau à atteindre ce stade de l'épreuve. Pire, les amateurs ouvrent le score par Jérôme Dutitre à la 34e minute. Comme Lille, Cannes (D2), Strasbourg et Bordeaux (D1), Nantes subit la fougue, l'organisation de la formation de Ladislas Lozano. Mais les joueurs du CRUFC, usés par leur épopée et ses à-côtés, n'ont plus tout à fait les mêmes ressources physiques. Le jeu usant du FCN finit par les atteindre. Dès la 50e minute, Antoine Sibierski égalise. Et à la 90e minute, l'arbitre, M. Colombo, sanctionne une faute de Fabrice Baron sur Alain Caveglia, qui accentue sa chute dans la surface au point de la rendre suspecte. Antoine Sibierski donne la victoire aux siens, encore sur un penalty litigieux, encore face à une équipe n'évoluant pas en Ligue 1. Avant le FCN, cinq clubs seulement avaient remporté le trophée deux fois d'affilée : le Racing Club de Paris (1939, 1940), Lille (1946, 1947, 1948), le Paris-SG (1982-1983) et Bordeaux (1986-1987). « On était l'antithèse d'une équipe de coupe, une équipe capable d'imposer du physique et tout, rappelait Raynald Denoueix en mai dernier. Pourtant, la saison d'après on est en demi des deux

Jean-Paul Bertrand-Demanes, surnommé le «Grand», gardien vedette dans les années 1970-1980.

coupes (de France et de la Ligue) et on est champions quand même ! »

Avec ce doublé 1999-2000, il s'est comme réconcilié avec l'épreuve. Jusqu'en 2007 et la descente en L2, il atteindra encore à quatre reprises la demi-finale. Une image, surtout, a imprimé l'imaginaire collectif. Au coup de sifflet final, le 7 mai 2000, Mickaël Landreau invite Réginald Becque, son homologue calaisien, à venir soulever le trophée avec lui. L'initiative symbolise la solidarité entre un football professionnel et un football amateur que certains avaient hâtivement opposés à travers cette affiche inédite. « Comme deux vainqueurs », titre L'Équipe, prenant acte d'une institution qui garde la culture du geste collectif. Un an avant son ultime titre de champion, le FCN s'est enfin réconcilié avec la coupe.

Le capitaine Henri Michel soulève la première Coupe de France du FC Nantes en 1979.

Chapitre 4

DE MONACO *à Sochaux*, UN ÉLAN CANARI

Pas besoin de partir de loin pour se lancer dans de grandes conquêtes. La saison 2021-2022 du FCN démarre à Pornic, cette attachante station balnéaire devenue une sorte de grande banlieue nantaise qu'on aurait posée sur la mer. Au milieu des touristes profitant de la thalassothérapie, les joueurs d'Antoine Kombouaré savourent le calme des lieux. Loin des turbulences de la saison précédente. Ils aspirent à un exercice serein. Rien de plus. C'est tout le travail d'Antoine Kombouaré lors de cette période cruciale : restaurer une forme de confiance collective, s'appuyer sur le socle qui a arraché le maintien. En juillet, quand la préparation débute, nous ne sommes pas nombreux à le croire lorsqu'il affirme que tous les joueurs majeurs resteront. Le départ d'Imran Louza vers Watford en tout début de mercato laisse penser que l'été nantais sera semblable aux précédents, torpillé par des transferts au fil de l'eau pilotés par le duo Mogi Bayat – Bakari Sanogo. Pour l'avoir écrit dans *L'Équipe*, je recevrai d'ailleurs un appel salé d'Antoine Kombouaré. Il m'affirme que cette fois, il n'en sera pas ainsi, qu'il conservera l'épine dorsale de son effectif, qu'il est prêt à parier son salaire là-dessus. De fait, le « pacte » entre le technicien et ses joueurs fonctionne. Aucun élément majeur ne quitte le FCN. C'est un premier succès, considérable. La confirmation d'un groupe qui va construire son succès dans l'autarcie, coupé des turbulences créées par le président et ses affidés.

« Si on attaque la saison avec notre effectif actuel, ça me convient à 100 % », assure le coach, alors que Waldemar Kita envoie des signaux contradictoires. Lors de sa première audition devant la DNCG, il n'a pas « couvert » les 20 millions d'euros demandés par l'instance de contrôle de la Fédération. Celle-ci a prononcé une mesure d'encadrement des salaires et d'interdiction de recruter à titre onéreux qui sera levée quelques semaines plus tard. Mais tout de même : les ventes de Ludovic Blas, Alban Lafont voire Nicolas Pallois sont alors envisagées. Sans compter Randal Kolo Muani, qui est à un an de la fin de son contrat. Dans une interview tendue qu'il nous a accordée quelques jours après le barrage face à Toulouse, le président a inversé les rôles pendant quelques secondes, posant les questions à notre place à propos de l'international Espoirs : « Kolo Muani a marqué combien de buts ?

— Neuf ?

— Oui. Et il a joué combien de matchs ?

— 37.

— Puisque vous vous intéressez beaucoup plus au foot que moi, sachez qu'un bon avant-centre doit marquer au minimum 15 buts, si ce n'est pas plus. »

La saillie n'a pas arrangé ses rapports déjà très frais avec l'entourage du joueur. Elle constitue une hypothèque, aussi, sur la fin du mercato. Mais quand Francfort revient à la charge, avant la fermeture de la fenêtre d'été, RKM choisit d'honorer

sa dernière année de contrat, comme il l'avait annoncé quelques semaines plus tôt. Son choix dévoile la ligne directrice : le groupe est uni derrière Kombouaré et personne d'autre. Une équipe en mission rêve d'un maintien vite acquis, d'un climat plus apaisé, et pourquoi pas d'une Beaujoire qui vibrerait de nouveau.

Pendant la période COVID, le stade privé de ses spectateurs est devenu morne plaine. Si Nantes a failli chuter en Ligue 2, c'est avant tout en raison de ses mauvais résultats à domicile (3 victoires, 8 nuls, 8 défaites). D'entrée, Antoine Kombouaré évoque cette nécessité d'être moins accueillant à la maison. Il est aussi beaucoup question de bien défendre, après une campagne de préparation inquiétante dans le domaine offensif. Kalifa Coulibaly, doublure supposée de Randal Kolo Muani en attaque, n'a pas disputé une seule minute lors de l'avant-saison et s'est blessé à une cuisse quelques jours avant le premier match de L1 à Monaco. Or le Malien avait été titulaire lors des huit derniers matchs de l'exercice 2020-2021, barrages compris. En son absence et en celle de Randal Kolo Muani, retenu par les Jeux Olympiques, Nantes a inscrit cinq buts pendant la campagne amicale : une fois par Roli Pereira de Sa, une autre par Samuel Moutoussamy, et trois fois par Renaud Emond, dont tout le monde a perçu les limites depuis son arrivée, en janvier 2020 : il quittera d'ailleurs le FCN lors du mercato d'hiver, au bout de deux années insignifiantes (3 buts en 38 apparitions).

De plus Pedro Chirivella, le métronome de l'entrejeu, est suspendu pour le coup d'envoi de la saison. Pourtant le FCN lance bien son Championnat, avec un nul inespéré à Monaco (1-1), grâce à un but de Jean-Charles Castelletto. L'équipe a été largement dominée en Principauté, le résultat est heureux. Mais la dynamique se maintient. « On a eu un début difficile, avec beaucoup de jeu entre les lignes. On a su bien resserrer en deuxième période », a résumé Castelletto. De la solidité, du courage, à défaut de pouvoir donner autre chose. « C'est un énorme point, j'ai même dit à mes joueurs que c'était un point qui ressemble à une victoire, s'est félicité l'entraîneur canari. Il fallait un énorme collectif pour contrecarrer les velléités offensives de Monaco, on a eu aussi un peu de réussite. J'ai vu mes joueurs lessivés physiquement, ils ont vraiment couru. J'ai vu des garçons prendre du plaisir à défendre, à revenir comme des malades. » Nantes n'a touché que huit ballons dans la surface adverse, une misère. Mais il n'a pas égaré dans l'été les ingrédients qui lui ont permis de se maintenir en L1, via les barrages. En plus, il a créé du danger sur les coups de pied arrêtés (avant le but, il y avait eu la tête, au-dessus, de Girotto), une arme nouvelle pour lui. Moses Simon, très impliqué, en est à cinq passes décisives en six matchs et Nantes a une seule défaite en neuf déplacements, d'une saison sur l'autre. Ce n'est pas une garantie, mais ce n'est pas rien. Derrière, Nantes s'impose contre Metz (2-0) et s'offre une petite marge. Seule inquiétude : Randal Kolo Muani, auteur de son premier but, sort blessé alors que son entraîneur avait justement prévu de le remplacer quelques minutes plus tard. Le tout devant 12 000 spectateurs, l'affluence la plus faible en ces lieux depuis 1996, hors crise sanitaire et matchs à huis clos. Il y a du désamour, voire de l'indifférence autour des jaune et vert. Rien ne laisse présager ce qui va suivre. « Le groupe à ma disposition me va très, très bien, affirme pourtant Antoine Kombouaré. Je suis prêt à partir avec cet effectif-là. On a un groupe homogène, avec tout ce qu'il faut pour faire une bonne saison et ne pas se faire peur comme l'année dernière. »

La fin d'été maintient l'incertitude sportive. Trois défaites d'affilée sans le moindre but marqué, contre Rennes, Lyon, puis Nice, dessinent les limites d'une équipe. Le revers contre l'OGCN (0-2) est le premier concédé par plus d'un but d'écart sous Kombouaré. Alors que Nantes a dominé la rencontre pendant plus d'une heure. L'entraîneur évoque « un chemin de croix. On a frappé 19 fois, dont 14 depuis l'intérieur de la surface, 7 tirs cadrés mais 0 but. On a été punis. »

Après cinq journées l'équipe est 14e, un point devant la zone de relégation, et déjà une constante se dégage : ce FCN est féroce face aux faibles, beaucoup moins face aux gros. Les recrues sont des opportunités plus que des cibles. Rémy Descamps est arrivé pour seconder Alban Lafont dans le but, Wylan

Cyprien, Osman Bukari et Willem Geubbels viennent en prêt dans l'espoir de relancer une carrière enlisée. Un an après le pari raté de Jean-Kévin Augustin, ils constituent des coups à peine moins risqués.

Heureusement, le calendrier s'éclaircit et le FCN se redresse contre Angers (alors 2e) puis Brest sur des scores larges (4-1, 3-1), il intègre une première partie de tableau qui demeurera sa place jusqu'au bout de la saison. C'est l'époque où la patte Kombouaré se matérialise pour de bon. Avec lui, Nantes présente le 7e bilan de L1 depuis février. L'entraîneur maintient son système en 4-2-3-1, une colonne vertébrale forte se dégage,

d'Alban Lafont à Randal Kolo Muani en passant par Nicolas Pallois, Andrei Girotto, Pedro Chirivella et Ludovic Blas. Avant Kombouaré, ces éléments étaient décevants ou en perte de vitesse. Depuis Kombouaré, ils sont devenus des meneurs. Assez vite, le climat se radoucit. Les supporters savent « compartimenter », pour reprendre une expression de leur entraîneur. Ils n'apprécient pas la gouvernance Kita mais savourent cette équipe jaune et verte capable de fulgurances, de personnalité, digne héritière de l'époque Sergio Conceiçao, pendant ces quelques mois (de décembre 2016 à mai 2017) où l'ancien ailier du FC Porto avait réveillé le club avec son énergie légendaire.

Le Stade de La Beaujoire redevient un lieu de vie, empli de bonnes vibrations. Dans une interview qu'il nous accorde pour *L'Équipe*, l'entraîneur explique : « Au début du mercato on m'a prédit l'enfer. Peut-être que le club et des joueurs n'ont pas vu arriver les offres qu'ils souhaitaient. Mais on n'a pas attendu la dernière semaine pour discuter avec eux. Avant la fin de la saison et pendant les vacances, je n'ai pas hésité à appeler les garçons, à échanger sur ce qu'ils allaient devenir, ce qu'ils allaient faire. Pendant la préparation, il a aussi fallu leur [expliquer] qu'on n'était pas fermés mais qu'ils devaient faire les bons choix, que s'ils repoussaient leur départ, ici ils seraient non seulement des éléments importants mais ils seraient aussi heureux. Aujourd'hui, je vois des garçons prêts à repartir au combat, disponibles, qui travaillent pour gagner.

Ludo [Blas] n'a pas été efficace pour l'instant mais il n'a pas arrêté ; Randal [Kolo Muani], depuis qu'il est revenu des Jeux, il donne ce qu'il a à donner ; Alban [Lafont] est redevenu un très très bon gardien, très important dans la course au maintien. Et Simon, vous avez vu ses matchs (sourire). Finalement ils sont contents d'être restés. »

Contre Lyon, fin août, dix des onze titulaires étaient déjà nantais la saison d'avant. Alors le plan de jeu ne risque pas de changer : de la solidité, de l'intensité dans les duels et de la projection vers l'avant. Nantes veut faire mieux, avec ses moyens. « L'idée, c'est que le danger vienne de partout, c'est quand même d'apporter de la joie aux supporters, qu'ils nous voient prendre des responsabilités, des risques dans le jeu, assure Kombouaré. Vous avez une fausse image de la façon dont on joue mais je vais vous donner un exemple : Galtier, il a été champion de France comment avec Lille ? Avant lui, Nice c'était la possession, la maîtrise, là j'ai regardé, c'est une équipe en 4-4-2 ou en 4-2-3-1, ça joue fort quand ça n'a pas le ballon, ça récupère et derrière ça explose, ça joue sur la vitesse, ils n'ont recruté que des joueurs rapides. C'est le foot moderne. Et j'ai des joueurs qui aiment aller de l'avant, qui vont vite, qui contrent fort. On veut le ballon. Mais pour aller vite vers l'avant. J'aime l'idée de mettre le feu, de faire trembler, faire craquer l'adversaire. »

À la mi-septembre, le spectre d'une saison galère de plus s'éloigne. Mais il manque encore quelque chose. Ce souffle venu depuis des années de la tribune Loire et de la brigade du même nom. Celle-ci annonce son retour en tribunes pour le déplacement à Reims, le 26 septembre. La fin d'un an et sept mois d'absence, entre restrictions sanitaires et boycott. « Aucun geste barrière n'est appliqué dans les tribunes populaires », « aucune jauge n'est mise en place pour limiter les flux de supporters » et « le contrôle du passe sanitaire n'est pas assorti d'un contrôle systématique des identités », dénonce le principal groupe d'ultras. La prestation des joueurs en Champagne n'est pas à la hauteur mais l'heure est à la détente. Quelques semaines plus tôt, Antoine Kombouaré a accepté d'échanger avec la « BL » à la Jonelière : « S'ils viennent nous supporter, c'est fantastique. Je leur ai dit : les griefs que vous avez contre la direction, c'est avant et après les matchs. Pendant, venez pour nous supporter. Ceux qui veulent voir leur équipe perdre ne sont pas des supporters. C'est une super nouvelle s'ils viennent pour nous soutenir. Les vrais supporters sont toujours les bienvenus. » Cette entrevue en présence de joueurs a permis de faire passer des messages des deux côtés.

Une sorte de paix des braves s'instaure. Une forme de normalité après l'extrême tension de l'hiver précédent ou même du mois de mai. Le 23 octobre, la victoire contre Clermont (2-1) établit la méthode nantaise : le FCN fait la différence sur une une-deux entre Randal Kolo Muani et Ludovic Blas, auteur de son sixième but de la saison sur une action en quatre passes. Clinique. « C'est la preuve que mentalement, le groupe est plus costaud », relève Kombouaré. Et différent, donc, de l'exercice précédent. « À 1-1, on aurait coulé, selon Blas. On veut montrer que la saison passée était une erreur. »

Bien qu'il n'y paraisse pas, les têtes ont en fait changé. La série de cinq matchs sans succès, du 31 octobre au 1er décembre, ne débouche sur aucune crise. Le dernier revers (0-1 contre l'OM) contient pourtant les ingrédients pour plomber l'atmosphère : face à Marseille, Nicolas Pallois a écopé du 8e carton rouge de sa carrière pour deux fautes assez grossières sur Amine Harit, et a laissé son équipe à dix au bout d'une demi-heure. La nervosité du défenseur central, ce soir-là, rappelle la pâle copie de la saison d'avant, que le roc au crâne rasé avait traversée aux lisières de la médiocrité, très loin de ses standards.

Mais si le FCN s'incline face à Marseille ce triste 1er décembre, il n'a pas complètement perdu son temps avec cet enchaînement de cinq rencontres sans succès (trois défaites, deux nuls). Car c'est à cette période que Quentin Merlin s'installe enfin dans le couloir gauche. Cette éclosion n'est pas une surprise. Si l'intermède Raymond Domenech n'avait pas été si furtif, en début d'année 2022, le gaucher formé au club aurait été lancé quelques mois plus tôt. Il s'impose finalement en fin d'automne, quelques jours après quelques phrases explosives d'Antoine Kombouaré à propos des jeunes issus de la pouponnière canarie. Selon lui, ils étaient « en retrait » par rapport aux professionnels : « Ils sont loin du haut niveau », « c'est inquiétant », avait entre autres expliqué l'entraîneur du FCN. Les déclarations avaient heurté en interne avant d'être atténuées par le cas Merlin, qui fait figure d'exception. Le natif de Pornic est titularisé pour la première fois à Lille (1-1), le 27 novembre, comme latéral gauche. Une semaine plus tôt, il avait suppléé Fabio au Parc des Princes, face au PSG (1-3), pour la dernière demi-heure. « Pour l'heure, j'ai besoin de lui en tant que latéral », résume alors son entraîneur, confronté aux absences de Fabio et Sébastien Corchia ainsi qu'aux limites des deux derniers spécialistes du poste au sein de son effectif, Dennis Appiah et Charles Traoré. Arrière gauche, ce n'est pas le registre dans lequel Merlin a été formé. Pas de quoi le dérouter. « Débuter en Ligue 1 dans mon club formateur, ça reste un rêve, une fierté, explique-t-il dans les couloirs du stade Pierre-Mauroy. Quand je suis entré contre Paris, je n'ai pas calculé contre qui j'étais. Si j'avais pris en compte que j'étais face à Mbappé ou Messi, j'aurais été différent. Là, non, je n'ai calculé personne, j'ai joué mon foot. Je veux jouer, donc si je peux faire une carrière à ce poste, je le fais. Je suis assez patient, si tu veux réussir dans ce monde-là, il faut l'être. »

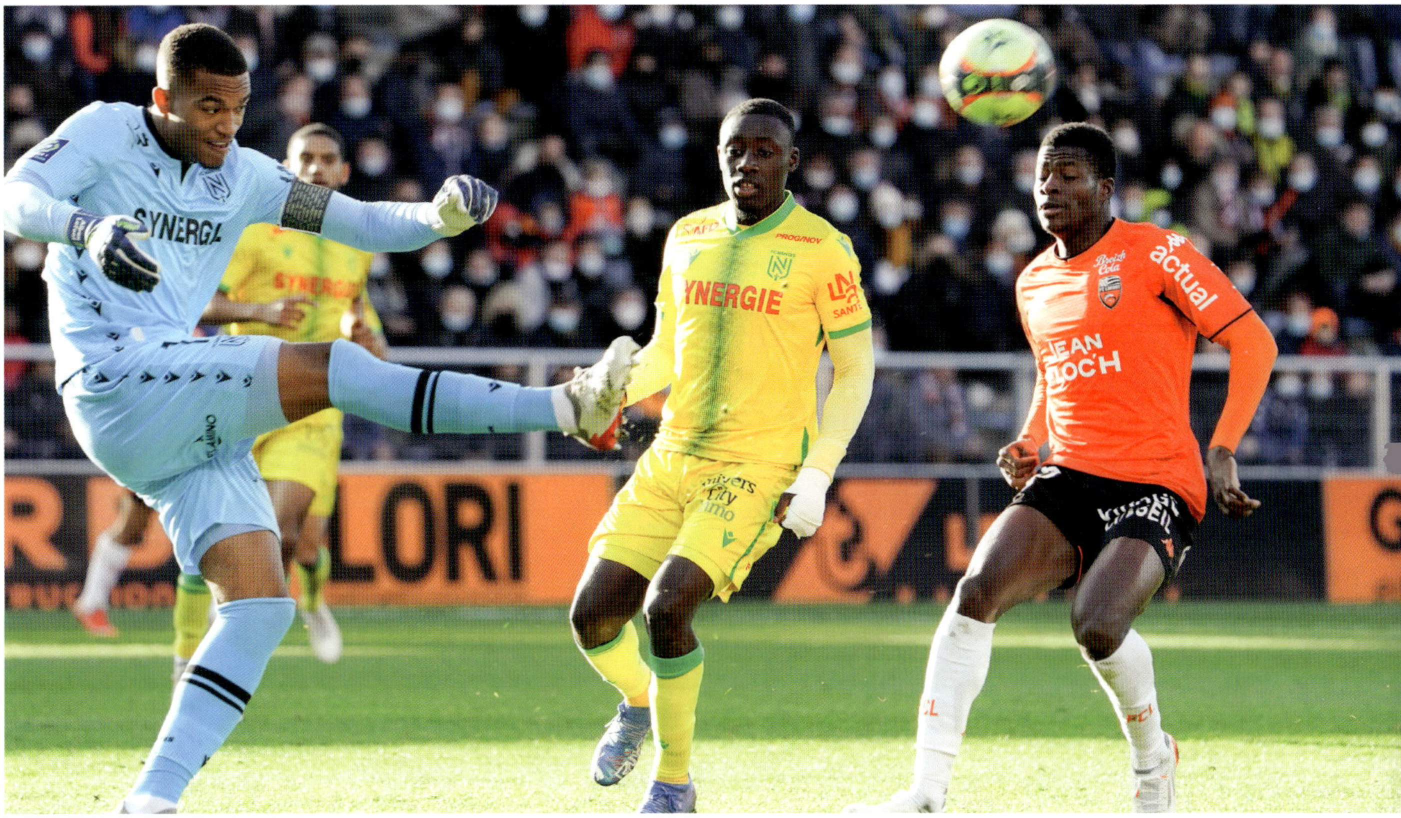

« On en a discuté et souvent à l'entraînement, il évolue à ce poste, ajoute son entraîneur. Ce qu'il montre, c'est intéressant. Intéressant offensivement avec le ballon mais, maintenant, il faut travailler pour que ce soit aussi bien défensivement. » Les premières sorties, dans une défense à quatre, exposent ses limites défensives. À Lille, il a d'abord souffert face à Jonathan Ikoné avant de rétablir l'équilibre puis de manquer d'air, à nouveau, face au surnombre adverse en fin de rencontre. « Au début j'étais trop près de Nico [Pallois] et c'était difficile de gérer Ikoné, qui arrivait lancé. Mais j'ai joué mon foot, j'ai écouté Nicolas Pallois qui m'a bien dirigé. » Sous la protection de Pallois, Quentin Merlin sera un acteur majeur de la deuxième partie de saison nantaise, d'abord dans un schéma à quatre puis dans un système à trois défenseurs centraux qui lui offrira plus de liberté dans son couloir.

Sous la protection de son aîné, son plus proche coéquipier sur le terrain, Quentin Merlin s'affirme vite. « Il a de la personnalité, des qualités, il est heureux de jouer, explique début décembre son entraîneur. Après, je pense qu'il est également capable de jouer à son vrai poste, en tant que milieu. » C'est à cette époque que tout se noue. Non seulement le FCN ne s'enlise pas dans l'anonymat du milieu de tableau, mais, après le court succès à Lorient (1-0) pour interrompre la mauvaise série, un tournant majeur a lieu contre Lens, le 10 décembre. Ce jour-là, Nantes évolue à cinq en défense pour « coller » au schéma tactique de son adversaire. Il est d'abord trimbalé par la séduisante équipe artésienne. La troupe de Franck Haise mène 2-0 à la pause, et cela reflète la différence entre les deux formations. Tout le monde presse une grosse colère d'Antoine Kombouaré et un changement, au moins, pour inverser le rapport de force. Pas du tout. « On est resté calmes, on a surtout essayé de corriger certaines choses. C'était surtout mental car les joueurs sont rentrés abattus, il fallait surtout les relever, leur dire que c'était possible de revenir, expliquera l'entraîneur après la rencontre. À 0-2, soit vous changez cinq joueurs d'un coup, soit vous leur dites certaines choses et vous leur faites confiance, en espérant qu'ils réagissent. En première, on n'a pas été capables de récupérer le ballon, donc c'est difficile de mettre le pied dessus. En deuxième, on est restés à presser haut, à commencer donc par les attaquants. Et on a empêché les leurs de se retourner, aussi. »

Dans l'affaire, les joueurs sont bien aidés par leur public. Malgré le score, ils sont sortis sous les encouragements du stade à la pause. Idem au retour des vestiaires, alors qu'un résultat nul semble déjà improbable. « Gagner, non. Ça, d'abord, je n'y pense pas, reconnaît le technicien canari. C'était marquer un but, peut-être les faire douter, ne pas en prendre un troisième, après tout peut se passer… Et ils ont été formidables. On a eu onze nouveaux joueurs, ils se sont transformés et révoltés. On a pris un maximum de risques en pressant plus haut. Tout ce qu'on a fait de mal en première s'est renversé. On a été énormes dans l'agressivité, quitte à se retrouver parfois à trois contre trois derrière, on a récupéré beaucoup de ballons, ce qui a permis d'alimenter nos attaquants et d'avoir plus d'occasions. »

Nantes revient vite dans le match, puis à la hauteur des sang et or grâce à un doublé de Randal Kolo Muani et finit par tout renverser sur une frappe magique de Moses Simon. Relégué pour la première fois de la saison sur le banc au coup d'envoi, le Nigérian réussit une action exceptionnelle à la 90e minute. La Beaujoire explose comme jamais en 2021. Cette première victoire face à une équipe du top 5 annonce la suite, son entraîneur le presse déjà. « Il n'était pas bien en ce moment, à l'image de l'équipe, explique-t-il à propos de l'attaquant. Il a eu une réaction de grand champion. Et c'est une immense fierté pour moi de voir la Beaujoire exploser comme ça. Il y a eu un tournant à Lille avec le penalty arrêté par Alban [Lafont] [1-1, le 27 novembre], ce succès sur la fin à Lorient [2-0, le 5 décembre], et là, alors qu'on n'avait jamais battu une équipe du top 5. Chapeau. » Nous sommes à huit jours du 32e de finale de Coupe de France à Sochaux. Tout Nantes sent qu'il se passe un truc, mais personne n'imagine encore la grande aventure qui va suivre.

LIGUE 1
Uber Eats
SYNERGI
10

Chapitre 5

LE DOUBS PARFUM *de la Coupe*

Il y a des matchs, comme ceux-là, pour vous rappeler que journaliste sportif reste un métier. Sans doute l'un des plus chouettes qui existent. Mais un métier quand-même. Il fait froid, très froid à Sochaux ce 18 décembre 2021, ce qui est à la fois banal et pénible, quand rien ne détourne votre attention de vos doigts de pieds en mode congélation. 8 001 spectateurs se sont déplacés au stade Bonal ce samedi après-midi, attirés par une affiche qui fut, un temps, un classique absolu du Championnat de France. Et par l'espoir que le spectacle réchauffe les cœurs. Assez vite, il faut se résigner : la ferveur déserte les travées, plombée par un spectacle très moyen. Omar Daf, l'entraîneur des Lionceaux, tout entier tourné vers l'objectif de la remontée en Ligue 1, a construit une équipe mixte. En dehors des déboulés d'Hermann Tebily, il ne se passe pas grand-chose. Nantes se fait très peur sur une relance ratée de Rémy Descamps à la 23e, sur laquelle Yann Kitala transmet le ballon à Adama Niane, signalé hors-jeu, au lieu de tenter le long tir vers le but vide. Nantes craint d'avoir laissé filer sa chance lorsqu'Osman Bukari place sa reprise du pied gauche sur l'extérieur du montant sochalien. Au-delà de la titularisation du gardien numéro 2 dans le but, Antoine Kombouaré a également incorporé des habituels remplaçants dans son onze de départ (Willem Geubbels, Wylan Cyprien, Samuel Moutoussamy). En dehors de l'intronisation de Ludovic

Blas, promu capitaine en l'absence de l'habituel porteur du brassard, il n'y a rien à signaler non plus côté nantais, ou presque. Encore moins lorsque le numéro 10, légèrement blessé, a quitté la pelouse à la 60e minute. Le FCN s'en sort petitement. Et quand le car du club quitte l'agglomération de Montbéliard, à la nuit tombée, il est difficile de déceler les indices d'une possible aventure. « [...] à ce moment-là, on pense à gagner un match », témoignera des mois plus tard Ludovic Blas. Pourtant, la responsabilité que lui a confiée ce jour-là son entraîneur a déclenché quelque chose. Au moment de rembobiner les événements, l'ancien international Espoirs expliquera : « Notre épopée a débuté aux tirs au but dans le froid à Sochaux, j'ai hérité du brassard. Je le vis comme un honneur. Ça donne encore plus envie. Je suis beaucoup plus investi. J'ai davantage de responsabilités. » Après le sacre du Stade de France, Antoine Kombouaré expliquera, en conférence de presse : « Lors du premier match à Sochaux, j'ai donné le

brassard à Ludo dans le vestiaire, juste avant d'aller à l'échauffement. Lui, il m'a tout de suite dit : "C'est une grande fierté, je vais nous emmener au Stade de France et soulever la coupe." Après ça, j'étais prisonnier de ses paroles. »

Au moment de la bascule de 2021 à 2022, ce sont encore des mots échangés entre deux couloirs, qu'on oubliera bien vite en cas de sort contraire. Mais tout l'inverse se produira : la quatrième Coupe de France du club sera avant tout celle d'Antoine Kombouaré et Ludovic Blas, cinq buts en six matchs, dont le dernier en finale. Dix mois avant le 32e de finale de Sochaux, l'arrivée de l'entraîneur sur les bords de l'Erdre avait pourtant suscité quelques craintes chez le joueur. Leur cohabitation à Guingamp, de juin 2016 à novembre 2018, avait viré à l'aigre. Il y avait un gouffre entre les exigences du premier et les prétentions du second. « Je voulais tout, tout de suite, nous expliquera le meneur de jeu en décembre 2021. Je sortais de l'Euro U 19, qu'on avait gagné (avec Kylian Mbappé et Jean-Kévin Augustin). J'avais une énorme confiance en moi. Je reviens dès mon premier match de préparation, on marque et on gagne grâce à ça. J'étais très bien, je me suis dit que ça allait être mon année, qu'il fallait me faire jouer, tout simplement. Après, le coach [en] a décidé autrement, il m'a titillé, et à ce moment-là je ne l'acceptais pas. »

En quittant le podium du Stade de France, il dira : « Il a su nous remettre [sur] les bons rails, avec une bonne mentalité. Ça montre que la confiance, ça change un joueur de foot. »

Ce qui change le destin du FCN, c'est aussi le tirage au sort. Dès les 16es de finale, il se montre clément en lui offrant l'AS Vitré. L'équipe d'Ille-et-Vilaine évolue en National 2, la rencontre devrait donc se dérouler dans son stade. Mais la commission fédérale de la compétition décide de la reprogrammer à La Beaujoire, le dimanche 2 janvier en tout début d'après-midi, « compte tenu de l'impossibilité pour le club vitréen de désigner un terrain malgré les différentes hypothèses envisagées ». Le Roazhon Park (Rennes) ou le stade Francis-Le Basser (Laval) n'ont pas été libérés, la crainte d'échauffourées entre supporters « ultras » en marge du match l'emporte sur le souci d'équité sportive.

« L'AS Vitré regrette profondément cette décision alors même que le club a travaillé d'arrache-pied depuis dix jours pour se donner toutes les chances de pouvoir jouer à domicile ce moment exceptionnel, déplore le club breton dans un communiqué. Les contraintes de la date, les récents incidents entre supporters et le contexte général ont eu raison de tous les efforts. »

« On est tous déçus d'être des victimes collatérales, explique Laurent Hervé, l'entraîneur des Sang et or. Les incidents entre supporters nantais et rennais, on n'y est pour rien. » Le Le 22 août précédent, des bagarres avaient éclaté entre fans des deux clubs en marge de Rennes – Nantes (1-0). « Les autorités nous ont bien fait remarquer qu'il y avait des risques de débordement réels, ajoute Stéphane Magat, son président. On l'a encore en travers de la gorge mais on souhaite que ça reste une fête du foot. »

La maire de la commune est moins diplomate : « L'inversion signifie, au final, que non seulement les joueurs de l'AS Vitré devront aller jouer à Nantes, mais que Nantes percevra 67,5 % des recettes, tonne Isabelle Le Callennec. Autrement dit, à chaque fois qu'un Vitréen achète un billet à 10 euros, c'est près de 7 euros qui seront perçus par le FC Nantes. 2019 est restée dans les mémoires. Chat échaudé… »

En 2019, les deux clubs s'étaient déjà affrontés, en quart de finale, à Laval. Après leur qualification (2-0), les Canaris n'avaient pas laissé leur part de recette (environ 41 000 euros), comme c'est devenu l'usage. La polémique avait renforcé l'image d'un FCN peu soucieux des convenances. Cette fois le président Kita s'est fendu d'un SMS de joyeux Noël à son homologue vitréen et, après la rencontre, le club amateur annonce, sur les réseaux sociaux : « Vous attendez tous la réponse. Merci au FC Nantes de nous avoir laissé la recette du match. »

Trois cars ont été affrétés, quelques centaines de supporters sont venus de Vitré pour donner un semblant de ferveur, alors que le stade n'est même pas au tiers plein. Pas assez pour que l'affrontement ait la saveur d'un 16e de finale. Vitré, promu de National 3 en National 2 juste avant le coup d'envoi de la saison, est encore une équipe convalescente, dernière de son groupe, lestée par son attaque inoffensive (cinq buts marqués en championnat). Elle est anesthésiée pendant une mi-temps par le contexte, pas assez efficace pour introduire du doute ensuite dans les têtes canaries. « Sportivement, si on avait 10 % de chances de faire quelque chose en jouant chez nous, c'est tombé à 4-5 % de chances ici, reconnaîtra Laurent Hervé après l'élimination. Là, on ne s'est pas lâché complètement. » Nantes a traversé le match sans frayeur notable. Renaud Emond, titularisé en pointe faute de mieux, a réaffirmé un peu plus son inutilité vieille de deux ans dans l'effectif canari. Même son but inscrit en toute fin de rencontre ne sert à rien : il est refusé pour un hors-jeu préalable. La situation de l'attaquant belge illustre ce qui guette alors le FCN.

Quand Antoine Kombouaré « serre les fesses »

Janvier est le mois de tous les dangers. La Coupe d'Afrique des Nations prive le FCN de quatre éléments. La profondeur du banc canari laisse craindre le pire, une semaine plus tard, au moment de recevoir Monaco en championnat. Pour cette rencontre, outre les Africains Moses

Simon, Kalifa Coulibaly, Charles Traoré et Jean-Charles Castelletto, il doit composer sans Wylan Cyprien, blessé, ni Willem Geubbels, prêté par l'ASM et empêché de disputer ce match par convention entre les deux clubs. « J'ai à ma disposition 18 joueurs plus trois gardiens, énumère Antoine Kombouaré. Ça veut dire qu'on serre les fesses. » Le nouveau protocole sanitaire oblige les clubs à pratiquer des tests antigéniques à 48 heures des journées de Ligue 1. « Pour moi c'est une connerie, une aberration, s'insurge l'entraîneur. L'ensemble des 45 personnes qui composent le staff ont eu les trois vaccins, on a le pass sanitaire mais il faut quand même tester ! Aujourd'hui, je suis pris en otage : quand vous êtes titulaire dans un groupe aussi restreint, vous savez que vous jouerez le week-end même si vous faites des entraînements pourris. » Heureusement, personne ne se blesse, Nantes traverse le début d'année en équilibre instable, escorté par une forme de providence en Coupe de France.

En 8e de finale, alors qu'un choc Nice-Paris-SG est au programme, il reçoit une nouvelle fois, et accueille encore une formation qui a des préoccupations autres que la plus vieille des épreuves nationales avec Bastia, lequel vient d'enrôler Régis Brouard pour sauver sa place en Ligue 2. En attendant cette échéance, il continue de bricoler. Nicolas Pallois, blessé à un mollet, Dennis Appiah et Lohann Doucet, positifs au

Covid, manquent le déplacement à l'Allianz Riviera, où Abdoulaye Sylla connaît sa première (et dernière) titularisation au sein d'une défense décimée. Averti dès la 14e minute, coupable d'une main grossière dans la surface qui provoque le penalty transformé par Kasper Dolberg à la 20e minute, encore mis à la faute sur le deuxième but azuréen signé Amine Gouiri, le Guinéen renforce, ce soir-là, les réserves de son entraîneur par rapport à la génération montante. Hormis Quentin Merlin, aucun jeune issu de la pouponnière canarie n'émergera lors de la première saison et demie d'Antoine Kombouaré comme coach des jaune et vert.

La semaine suivante, contre Lorient, c'est le retour des anciens, Dennis Appiah et surtout Nicolas Pallois, qui redonne de l'assise à l'équipe. Nantes enfile quatre buts (4-2) face à des Merlus en perdition. « Cette semaine, il y a eu une grosse pression [...] sur les joueurs et leur réaction me plaît, déclare l'entraîneur. L'année dernière, les mêmes joueurs que vous voyez là, ils ne mettaient pas un pied devant l'autre. Alors on va rester calmes. » Mais le FCN dispose de 32 points en Ligue 1 après 22 journées, le maintien est déjà au coin de la rue, l'idée d'une qualification européenne devient moins farfelue, et l'allusion du Kanak au prochain tour de Coupe de France, contre Brest, n'est pas anodine. La réception des Finistériens, en Championnat, était surtout restée dans nos mémoires pour les déclarations abrasives de leur entraîneur, Michel Der Zakarian, après le 0-2 concédé au soir de la 7e journée : « On était mal positionnés, on s'est fait transpercer. Nous, on est arrêtés, spectateurs. On a pris quatorze buts depuis le début de saison, soit deux par matchs : c'est compliqué de gagner. Quand je perds 3-1, je ne vais pas avoir le sourire, je n'ai pas envie de sauter. Oui, quand je perds, je suis abattu. On a gagné un match cette saison, en amical, contre Plabennec... » La formation qui revient en Loire-Atlantique fin janvier n'est plus du tout la même. Pourtant, l'analyse de l'ancien partenaire d'Antoine Kombouaré sous le maillot nantais est similaire après l'élimination (0-2) : « Il n'y a pas photo, ils ont été plus forts que nous, ils nous ont mangés dans tous les domaines. On n'a pas existé du début à la fin. On a fait un match amical en première mi-temps et on a été mauvais en deuxième. [Sur le premier but] On n'attaque pas les ballons ; sur un grand ballon, on laisse rebondir, on laisse dribbler, on laisse frapper. On n'est pas dans les duels. On faisait des passes dans notre camp ; dans leur camp on n'a rien fait. On n'a pas cadré une frappe du match, on n'a rien fait. On a été mauvais, ils ont été plus forts que nous. Ça fait deux matchs qu'on fait ici, deux matchs qu'on est inexistants », peste l'ancien partenaire d'Antoine Kombouaré en défense centrale.

Le doublé de Ludovic Blas confirme l'impact du capitaine en Coupe de France. Le premier but, particulièrement, valide le sentiment d'une saison bénie. L'ancien Guingampais réussit une action de grande classe en récupérant un ballon improbable, une chandelle de cinquante mètres de Nicolas Pallois qui se transforme en passe décisive.

Et encore, Nantes ne connaît pas la très bonne nouvelle du lundi qui suit : le tirage au sort lui offre Bastia le soir où le Paris-SG, ogre de la compétition, vainqueur de six des sept dernières éditions (il était finaliste face à Rennes en 2019), est éliminé par l'OGC Nice. D'un coup, tout semble concorder, et le public lui-même n'est pas loin d'indiquer le sens de ses priorités : il y a près de 25 000 personnes à La Beaujoire pour la venue du 17e de Ligue 2, tout entier tourné vers une opération maintien tout juste confiée à Régis Brouard.

Surtout, la Coupe constitue un aiguillon pour s'éviter, enfin, une saison en deux temps, devenue spécialité locale : en 2016-2017, le FCN était 19e après 16 journées sous René Girard, l'arrivée de Sergio Conceiçao l'avait fait grimper à la 7e place, meilleur rang de l'ère Kita (débutée en 2007). En 2017-2018, Claudio Ranieri avait atteint la trêve au 5e rang avant de plonger (4 victoires en deuxième partie de saison). En 2018-2019, Vahid Halilhodzic, avait vite relevé une équipe partie à l'envers sous Miguel Cardoso (le FCN était déjà 10e à la 12e journée) mais les résultats avaient décliné dès janvier, comme un prolongement sportif de la disparition en mer d'Emiliano Sala. En 2019-2020, enfin, sous Christian Gourcuff, Nantes était encore 4e après vingt journées et l'élimination contre Lyon en 16e de finale de Coupe de France (3-4) avait provoqué une cassure : l'équipe ne prendra que cinq points jusqu'à l'interruption des compétitions en raison de la pandémie de COVID-19.

Antoine Kombouaré connait cet écueil. Avant Bastia, il a rappelé : « Dimanche dernier à Strasbourg (0-1), alors qu'on pouvait penser aussi que ça pouvait être un match charnière, on s'est vautrés. Rien ne nous dit qu'après ça, on saura rectifier le tir et faire une bonne fin de saison. » En Alsace, il avait fustigé le faible impact d'une ligne d'attaque qui retrouvait pourtant Moses Simon : « On n'est pas allé au bout de nos intentions, on n'a pas été tranchants. » Il sait mieux que personne combien le trio Blas – Simon – Kolo Muani peut donner un autre relief à la saison jaune et vert. Avant Bastia, il concède : « Ce ne sont ni des surhommes ni des machines. On connait l'importance qu'ils ont dans notre schéma offensif. On sait tous ce qu'ils sont capables de nous apporter. Là, c'est un quart de finale et, s'ils répondaient présents, ça nous aiderait beaucoup. »

Ils répondent présent, et ça aide beaucoup. Très vite, en plus. Le match a à peine commencé que la vitesse de Randal Kolo Muani affole la charnière corse. Comme d'habitude, Ludovic Blas transforme le penalty, d'une frappe forte plein axe. La suite est moins limpide. Les Corses enchaînent les occasions jusqu'à la pause, cadrant six frappes en plus d'une sur le poteau de Rémy Descamps. Dans le même temps, Nantes tente un tir en tout ! La deuxième période est plus favorable aux joueurs de Ligue 1, et la délivrance vient d'une nouvelle action de Ludovic Blas, dont le centre est repoussé par Johnny Placide, le gardien bastiais, sur Randal Kolo Muani.

« Il faut reconnaître qu'après ce premier but, on a été mauvais, constate l'entraîneur canari. C'est un miracle qu'on n'encaisse pas de but. La défense a tenu le choc mais ce n'est pas passé loin. On a très mal défendu. Quand on avait le ballon, on a refusé le jeu, ce qui fait qu'on n'a rien proposé. Quand vous marquez très vite, après, vous avez le cul entre deux chaises. Il y a une partie de l'équipe qui veut attaquer et une autre qui veut défendre. On a finalement une équipe scindée en deux. » Mais une formation capable de résister et qui peut compter sur le trio Blas – Kolo Muani – Simon pour régler l'affaire. La recette nantaise est plus que jamais éprouvée à travers ce quart de finale. « Quand vous arrivez à trouver ces trois joueurs... Il y a une entente parfaite entre eux, et c'est aussi ce qui fait la force de notre équipe », rappelle l'entraîneur.

À ce moment-là, plus personne ne pense à l'arrêté déprimant de la préfecture de Loire-Atlantique pour encadrer le déplacement des supporters bastiais à Nantes. « Le jeudi 10 février 2022, il est interdit à toutes les personnes se prévalant de la qualité de supporters du FC Nantes et du SC Bastia de circuler ou de stationner dans le périmètre du centre-ville de Nantes », édicte cet arrêté lunaire, en totale contradiction avec la concorde régnant désormais dans les tribunes de La Beaujoire. Trois jours après Bastia, Antoine Kombouaré fête son premier anniversaire sur le banc du FCN par une victoire contre Reims (1-0) et consent à un premier inventaire : « C'est une belle semaine qu'on a entamée avec une défaite à Strasbourg (0-1) et qu'on finit avec une qualification en demi-finale de Coupe de France et cette victoire contre une équipe qu'on n'avait jamais battue. Le sentiment, c'est d'abord de la fierté. Il y a de la difficulté, on a des fragilités, mais on ne prend pas de but. Quand je suis arrivé l'année dernière, c'était après la 24e journée, on avait 19 points. Aujourd'hui on en a 35 (toujours après 24 journées). Ça va au-delà de ce que j'aurais pu imaginer. » Un mois et demi après la qualification aux tirs au but à Sochaux, l'horizon nantais s'est encore éclairci. Le FCN va disputer une demi-finale contre Monaco sans avoir en tête le souci du maintien en championnat, déjà acquis ou presque. Les tribunes de son stade vibrent de nouveau, dans une communion inimaginable l'été précédent. Ce bilan est avant tout celui d'Antoine Kombouaré, qui a déjà accompli sa mission à ce stade de la saison. Et pourtant, on n'a encore rien vu.

Montpellier
Métropole

Chapitre 6

NANTES GRIMPE SUR LES *nuages de mars*

Un moment magique, hors du temps. Le 19 février 2022, le Paris-SG se déplace à Nantes avec sa constellation de stars. Trois jours après avoir battu le Real Madrid (1-0) en 8e de finale aller de Ligue des champions, le trio Mbappé – Messi – Neymar est aligné au stade de la Beaujoire pour la 25e journée de Ligue 1. C'est la première depuis la victoire à Saint-Étienne (3-1), le 28 novembre précédent, que la sainte trinité ait réunie. Le public nantais vient assister à un match de gala. Il va vivre une soirée folle, de celles où les tribunes sont incandescentes avant le coup d'envoi et ne baissent plus d'un degré pendant deux heures. La première période est un modèle d'enthousiasme, presque une déflagration. La deuxième appartient à un immense Alban Lafont, qui obtiendra la note rarissime de 10 dans L'Équipe. L'hommage suprême vient de Leonardo qui, sitôt le coup de sifflet final, vient déverser sa mauvaise foi au micro de Canal+. Le directeur sportif du club parisien, qui sera remercié en fin de saison, ne s'autorisait ces prises de parole qu'en deux occasions : lorsqu'il avait un message à délivrer où lorsqu'il sentait la crise poindre. Là, ces deux raisons étaient peut-être réunies. En tout cas, l'ancien international brésilien réalise un festival : « Ce n'est pas le fait de perdre, on peut perdre. Nantes a mérité de gagner, ça a été un match difficile pour nous. On savait qu'après un match de Ligue des champions, il y a dans le stade, dans l'équipe d'en face, cette attente de l'équipe qui a performé en Ligue des champions. On est l'équipe à battre et peut-être un peu plus, je pense que l'arbitre le sait. C'est difficile, je ne veux pas juger, c'est une personne, mais je pense que tu dois chercher à protéger l'équilibre d'un match. On a pris deux buts, on était menés 2-0 et c'était mérité. Mais après, je pense que le match n'était plus contrôlé. Et tu risques d'avoir des joueurs trois mois dehors avec Kylian [Mbappé], comme on a eu Neymar, comme on a eu Georginio Wijnaldum. Il y a une minute de temps additionnel en première période et le penalty est sifflé quatre minutes après ! Je ne veux pas être là à pleurer, pleurer, pleurer, mais je pense que, contre nous, il y a un peu l'envie de dire : "Regarde, je siffle contre toi. Il y a eu des fautes sur Neymar, Messi, Mbappé, Verratti, et allez, vas-y, ce n'est rien !" Et ça, ça me gêne un peu. »

L'incapacité du PSG à accepter la défaite autrement que dans le fracas annonce, quelque part, l'élimination au retour face au Real Madrid. Et la sortie de Leonardo va effectivement orienter les analyses d'après-match sur l'arbitrage de M. Lesage. Dans les semaines qui suivront, les débats porteront sur deux actions majeures : l'arbitre devait-il infliger un

deuxième carton jaune à Dennis Appiah, déjà averti, lorsqu'il a déséquilibré Kylian Mbappé et provoqué un penalty en début de deuxième période ? Aurait-il dû expulser Nicolas Pallois pour son tacle, sur le ballon mais très appuyé, aux dépens de Kylian Mbappé ?

Pour Leonardo, qui remet une deuxième couche en zone mixte, c'est tout vu : « Sur le penalty, Appiah, qui a déjà un carton jaune, n'a pas le deuxième jaune. Le rouge est évident. Après, il y a tellement de fautes sur nos joueurs [qui ont un goût de] "Non, c'est Neymar, c'est Mbappé, c'est Messi, je ne siffle pas ! C'est le Paris-Saint-Germain, je ne siffle pas." Peut-être que je me trompe, mais mon sentiment c'est ça. [Au final], on a perdu, on accepte la défaite, on a fait des erreurs, il y a beaucoup de choses qu'on n'a pas faites aujourd'hui. On doit savoir, après un match de Ligue des champions, se comporter en Ligue 1 d'une certaine manière. Si tu as une équipe qui joue seulement avec la force, tu dois savoir te sortir de ça. Des épisodes, il y en a eu beaucoup, il y en a eu plusieurs. [Mais] l'arbitre ne veut même pas parler. On demande un peu de respect. »

En l'espèce, c'est sans doute lui, le dirigeant du club français le plus puissant du moment, qui ne se respecte plus vraiment. Il se focalise sur des faits de jeu pour zapper l'essentiel : le PSG version Mauricio Pochettino n'a jamais pris la dimension d'un grand d'Europe. À l'inverse, le FCN de cette fin février ressemble, par séquences, à une machine de guerre. Et ce jour-là la première période, notamment, est dingue. Le FCN punit Paris sur un mouvement d'école du trio Blas – Kolo Muani – Simon. Avec le premier nommé au départ, devant la surface nantaise, et une passe vers l'avant qui déclenche un long une-deux entre les deux attaquants. Au bout, RKM devance la sortie de Keylor Navas et lance, dès la 4ᵉ minute, le match sur des bases folles. Le premier quart d'heure n'est pas terminé que Quentin Merlin, parti se promener

très loin de sa zone théorique de piston gauche, envoie une frappe parfaite dans la lucarne parisienne. Et, juste avant la pause, Georginio Wijnaldum commet une main dans la surface qui permet à Ludovic Blas de porter le score à 3-0 sur penalty. Trois buts de retard au bout de la première période ! Le PSG n'avait plus connu tel affront en Ligue 1 depuis le 29 août 2010, quand il s'était incliné 1-3 à Sochaux. Son entraîneur était alors Antoine Kombouaré, et c'était encore l'autre vie du club de la capitale, avant son rachat par le fonds d'état qatari et sa bascule dans un nouveau monde.

C'est un tremblement de terre pour le club de la capitale, une onde de choc sur son banc, et un événement d'ampleur nationale. Le grand public retient la prestation magistrale d'Alban Lafont, qui a gagné ses face à face devant Juan Bernat (3e), Lionel Messi (8e), Kylian Mbappé (19e), Idrissa Gueye (26e) et Neymar (28e), s'est seulement incliné sur une frappe imparable du Brésilien dès la reprise (47e) avant de reprendre de son festival devant Mbappé (54e) et Neymar, dont il stoppe le penalty (59e), le tournant de la rencontre.

Il entre dans l'histoire du quotidien *L'Équipe* en intégrant le cercle très fermé des joueurs ayant été notés 10/10. Auparavant, seuls deux gardiens avaient eu le droit à cet honneur : Bruno Martini, à l'occasion de France-Grèce, en finale de l'Euro Espoirs 1988 (3-0), et le Danois Lars Windfled, lors d'un Nantes-Aarhus, en 32es de finale de la C3 1997 (0-1). Jusque-là, cette note suprême n'a été attribuée qu'à treize joueurs seulement. Avant Lafont, le dernier à avoir reçu l'onction absolue était Kylian Mbappé, auteur d'un quadruplé et d'une passe décisive face au Kazakhstan (8-0), en novembre. Indice de la performance majuscule : cinq Nantais figurent dans l'équipe-type de la journée dans les colonnes du quotidien sportif. Il y a Alban Lafont, bien sûr, mais aussi les défenseurs Nicolas Pallois (8), Quentin Merlin (7) et Andrei Girotto (8), et enfin l'attaquant Moses Simon (7).

Antoine Kombouaré (9) est bien sûr l'entraîneur de la journée et, malgré l'attention portée sur la colère parisienne, Nantes n'est plus regardé pareil. Son nul à Metz, avec un effectif très amoindri, est une forme de performance : désormais le FCN pense avant tout à la Coupe de France. Malgré quatre absences sur blessure (Fabio, Coco, Augustin) et pour cause de convention entre les deux clubs (Geubbels), il affiche ses certitudes au moment de recevoir l'ASM. Déjà parce qu'il a échappé à une flambée de COVID-19, alors que six membres de l'effectif, dont Antoine Kombouaré, avaient été testés positifs la semaine précédente. Nous sommes dix jours après le PSG et l'entraîneur rappelle : « On a une base, on a construit quelque chose. Pour moi, il y a deux choses à ressortir : la solidité et la volonté des garçons de vivre des choses ensemble. Les joueurs se sont accaparé le projet. Ses objectifs, on a juste à les suivre. Il y a des périodes dans une saison où vous savez qu'il n'y a plus besoin de les booster. Aujourd'hui, on se sent costauds, solides, il y a une cohésion fantastique. »

Le passage à cinq défenseurs participe de ce sentiment. Dans ce système, Ludovic Blas est « sacrifié ». Il évolue trop loin de la fusée Randal Kolo Muani pour pouvoir être à l'origine et à l'arrivée des actions, puisque désormais le plan de jeu canari est unimodal : à la récupération, première passe vers l'avant et droit au but, pour faire court. Le plan réclame intensité et discipline. Surtout face au Monaco de Philippe Clement. L'entraîneur belge a remplacé Niko Kovac en décembre, et il a apporté des changements, même si ceux-ci tardent à se matérialiser en points. « Avec le coach Kovac c'était plus direct et oppressant, alors qu'avec le coach Philippe c'est plus calme, patient, dans la durée et je pense qu'on le ressent, explique le milieu Youssouf Fofana. Même si on gagne par des petites marges, j'ai l'impression qu'on est beaucoup plus dangereux en fin de match. »

Côté nantais, la performance exceptionnelle d'Alban Lafont contre Paris a enclenché, pour la première fois, le

débat sur le poste de gardien en Coupe de France. Jusque-là Descamps (25 ans, 1,96 m) a été impeccable : zéro but encaissé en quatre tours, un sentiment de sécurité qui se diffuse un peu plus au fil des matchs. À part une relance manquée qui aurait pu coûter cher en 32es de finale à Sochaux (0-0, 5-4 aux t.a.b.), l'ex-gardien de Charleroi, passé notamment par le PSG, a été assez bon pour justifier son maintien, et dans le Doubs, il avait aussi été décisif lors des tirs au but en stoppant une frappe de Christophe Diedhiou.

Mais Nantes est à un match du Stade de France, et entre un numéro 2 qui flambe et un spécialiste qui aligne les performances de niveau international, Antoine Kombouaré est tiraillé entre la logique de groupe et la logique sportive. « Mais s'il y a un coach droit, un coach de cœur, c'est bien Antoine, rappelle alors dans *L'Équipe* Jérome Alonzo, qui avait vécu, lors de sa première saison à Paris (2001-2002), la souffrance de disputer la Coupe de la Ligue jusqu'aux quarts de finale, avant d'être remplacé par le titulaire en Championnat, Lionel Létizi, en demi-finales. Évidemment, il n'y a

pas photo entre les deux. Mais en mettant Descamps, c'est simple, tu restes sur ta stratégie, presque sur ton engagement moral. Je pense qu'Antoine va rester dans sa logique de confiance mutuelle. » Comme Paul Le Guen, qui avait hésité entre Jérôme Alonzo et Mickaël Landreau pour la finale de la Coupe de France 2008, perdue face à Lyon (0-1 a.p.).

L'entraîneur de Nantes n'a envoyé, en interne, aucun indice de changement de pied. La semaine précédente, avant le déplacement à Metz en L1 (0-0), il avait évacué une question sur le sujet en demandant pourquoi on l'interrogeait déjà sur Monaco. La veille, en conférence de presse, il refuse d'annoncer qui il va titulariser en demi-finale. Mais, dans les minutes qui suivent, avant la séance d'entraînement, il s'isole avec Alban Lafont sur la pelouse du centre sportif José-Arribas pour une courte discussion qui confirme la tendance. C'est bien Rémy Descamps qui poursuivra l'aventure, devant un stade blindé. Les billets ont été écoulés en quelques heures, et il faudrait être insensible pour ne pas percevoir la fébrilité qui gagne la ville, sevrée de voyages au Stade de France depuis 18 ans (le FCN s'était incliné aux tirs au but contre Sochaux, en finale de la Coupe de la Ligue 2004). « Il faut féliciter les joueurs parce que le public est en train de s'identifier à cette équipe, reconnaît Antoine Kombouaré. Les joueurs ont compris que, quand ils font les choses bien et ensemble, les supporters suivent. Ça frémit à nouveau, il y a de l'impatience, de l'envie autour de nous. » L'entraîneur lui-même a indiqué le sens de ses priorités le dimanche précédent à Metz en remplaçant dès la 72e minute Ludovic Blas et Randal Kolo Muani. Nantes a poursuivi en Lorraine une série de quatre matchs sans défaite tout en se préservant au maximum pour Monaco. « Ce qui est bien, c'est qu'on joue des matchs sans avoir la peur de descendre en Ligue 2 [2], c'est un poids en moins énorme. On a plus confiance en nous », constate l'ancien défenseur.

D'ailleurs Nantes démarre à fond. C'est devenu son habitude, presque sa marque. Au bout de 45 secondes, Randal Kolo Muani met le feu dans la surface monégasque. Il met la moitié de la défense adverse à l'envers, mais sa frappe est contrée par Djibril Sidibé. Peu importe : le ton est donné, l'ambiance en tribunes est incroyable, et l'intensité extrême. La réponse monégasque tombe rapidement, cinglante, via un coup franc de Caio Henrique déposé sur la tête de Guillermo Maripan (11e). Sur le coup, le défenseur de l'ASM profite du mauvais alignement de Jean-Charles Castelletto et de l'hésitation de Rémy Descamps, resté sur sa ligne après avoir esquissé un pas vers l'avant. L'impair aurait pu tempérer la ferveur. Il n'en est rien. Les supporters nantais ont compris, depuis plusieurs semaines déjà, que ce Nantes-là n'était pas celui de la saison précédente. Et, très vite, l'inévitable Randal Kolo Muani provoque l'égalisation. Il intercepte une relance de Guillermo Maripan, fonce plein axe et envoie un centre si tendu que Djibril Sidibé le dévie directement dans son propre but (21e). La maîtrise est monégasque et Nicolas Pallois doit notamment s'interposer devant Gelson Martins (31e). Mais le FCN étale cette capacité qu'il a, désormais, de se procurer des occasions avec très peu : dans le temps additionnel, une remise acrobatique de Randal Kolo Muani place Ludovic Blas seul face but et, pour une fois, le capitaine canari manque la cible. La suite est assez irrespirable. En deuxième période, chaque équipe craint surtout de commettre l'erreur plutôt que de chercher à provoquer celle de l'adversaire. Alors quand Samuel Moutoussamy donne l'avantage au FCN au terme d'une situation confuse dans laquelle Djibril Sidibé était encore impliqué, l'enceinte posée au bord du périphérique tremble sur ses bases. Il reste une vingtaine de minutes à jouer, le public se voit déjà à Saint-Denis, et il ne peut voir meilleur symbole de la renaissance que ce but du milieu formé à Lyon. Aligné pour seconder Pedro Chirivella, il incarne l'élan du moment. Il avait presque toujours été un élément de complément depuis son arrivée en Loire-Atlantique, en 2016. Il avait même été l'une des grandes victimes du passage de Christian Gourcuff, après un exercice accompli avec Vahid Halilhodzic en 2018-2019. Son temps de jeu avait fondu, et à l'été 2020, rappelle-t-il, « je ne jouais plus du tout, il fallait que je trouve un moyen de me sortir de là ». Il débarque en prêt au Fortuna Sittard (D1 néerlandaise), où il ne trouve pas ce qu'il cherche : « J'ai fait quatre ou cinq matchs et paf, le coach s'est fait virer. Après, je n'entrais plus du tout dans les plans. Mais je suis revenu avec plus de maturité, plus de conviction, de détermination. »

Titulaire lors de la première journée à Monaco (1-1, le 6 août), il ne débutera plus une rencontre avant le 20 novembre à Paris (1-3). « J'ai eu une discussion très tôt avec le coach [Antoine Kombouaré]. Son équipe, elle était faite, si c'était pour ne rien apporter, ça ne servait à rien. Il voulait que je fasse mes preuves. Sinon j'allais être écarté. »

Aux deux tiers de la saison, il est devenu le 12e homme, le remplaçant le plus proche de l'équipe type, puis titulaire avec le recul d'Andrei Girotto en défense centrale, campé sur son entrain évident. « J'ai cette image de fou-fou qui court partout, mais les courses que je fais aident l'équipe. Je ne suis pas désordonné dans mon jeu. D'un point de vue tactique, je sais ce que je fais. »

Au cœur de l'hiver 2022, son activité devient essentielle dans la nouvelle organisation nantaise. Son enthousiasme est une bénédiction. Il finira même en défense centrale à Troyes, (0-1, le 12 mars). Une illustration de plus de sa polyvalence. Avant, il avait aussi pu dépanner en soutien des attaquants, comme milieu gauche et en tant que latéral, le poste où il avait débuté en pro. « Il est exemplaire, toujours au taquet, beaucoup d'entraîneurs rêveraient d'avoir un joueur comme lui, même s'il doit encore progresser », résume Antoine Kombouaré.

Ce que personne ne voit venir, à cet instant, c'est l'égalisation azuréenne. Quasiment sur la remise en jeu, Myron Boadu reprend de la tête un centre de Vanderson et marque sur une action où tout le monde se dit qu'Alban Lafont aurait peut-être su s'interposer. Alors la pression sur le gardien no 2 est maximale lorsqu'arrive la séance de tirs au but, la tribune Erdre dans son dos. Fidèle à son tempérament carré et volontaire, pourtant, Rémy Descamps a la force de faire confiance à son instinct. Le premier tireur monégasque s'appelle Wissam Ben Yedder, il a réussi ses huit penaltys tentés lors de la saison en Ligue 1 et les frappe presque toujours sur la droite du gardien. Rémy Descamps choisit de plonger de l'autre côté. « C'est un duel, un Monégasque face à moi à chaque fois. C'est à moi de prendre le maximum d'infos pour essayer d'aller au bon endroit, leur mettre la pression. C'est ce que j'ai fait dès le premier tir au but, je suis entré dans la tête de Ben Yedder. Ça a payé, je la sors bien et ils ont la pression derrière. J'avais les infos comme quoi il croisait ses penaltys. Au vu de sa prise d'élan, j'ai décidé de plonger à gauche, et ça nous a réussi. Il n'a pas croisé. C'est aussi l'instinct qui m'a fait aller de côté-là. » « Je pense que Rémy peut faire beaucoup mieux sur les deux buts, réagira Antoine Kombouaré. Mais il a été très costaud, mentalement, car il a été très bon dans la séance de tirs au but. »

Monaco est « trahi » par ses meilleurs éléments, Wissam Ben Yedder et Aurélien Tchouaméni, dont la tentative s'envole dans le ciel nantais. Côté FCN, Randal Kolo Muani, Quentin Merlin

et Samuel Moutoussamy trompent un Alexandre Nübel insipide. Et c'est le quatrième tireur, Moses Simon, qui a la charge de qualifier Nantes pour la neuvième finale de Coupe de France de son histoire. Le Nigérian ne se loupe pas, et sa frappe envoyée tout en douceur à l'opposé du plongeon du gardien monégasque déclenche l'hystérie. En quelques secondes, la pelouse est envahie par les supporters, dans une image saisissante qui renvoie aux titres de champions empochés en 1995 et 2001. Les derniers soubresauts du grand FC Nantes, version Jean-Claude Suaudeau puis Raynald Denoueix.

Quelque part, Antoine Kombouaré rejoint cette prestigieuse lignée et laisse percer son émotion après cette demi-finale : « Plein d'images me viennent en tête : une énorme satisfaction, de la fierté et des trucs qui dépassent un peu l'entendement. J'ai vu les gens envahir le stade, c'est un moment assez rare. C'est très beau ce que l'on vit. J'ai dit à mes joueurs que ce sont de grands malades. Il y a eu Lens (3-2) et le PSG (3-1), déjà... Par rapport à la saison dernière, avec les mêmes joueurs, la même équipe, on est septième de L1 et on est en finale de la Coupe de France : ça dépasse mes rêves les plus fous. »

Ses joueurs sont survoltés. Un peu abasourdis, aussi, par cette qualification et l'enthousiasme qu'elle suscite. « Je vois qu'on gagne, j'entends le coup de sifflet de l'arbitre. Toutes les émotions commencent à monter, le stade est envahi, témoigne Rémy Descamps. Je perds de vue tous mes partenaires, j'essaye de les retrouver petit à petit. Quelle communion avec le public ! C'était exceptionnel. C'est la première fois que je vis un envahissement de terrain. Je le garderai en tête toute ma vie. Le peuple nantais a beaucoup souffert l'année dernière, et je suis très content d'emmener Nantes au Stade de France. Ce soir, le dénouement est exceptionnel. Je suis très content, hyper heureux. Je vais garder cette demi-finale en tête toute ma vie. Je pourrai en parler à mes petits-enfants. »

Nantes est maintenant loin, très loin de la fin décembre, du congélateur doubien et de son investissement d'alors dans la compétition : « Dire qu'on faisait des plans pour ne pas passer contre Sochaux, pour avoir des vacances en plus en janvier, avouera Wylan Cyprien dans l'émission Le vestiaire, sur RMC, entre autres confidences. On était dégoûtés de passer contre Sochaux. » Quand ils regagnent le vestiaire une dizaine de minutes après le coup de sifflet final, alors que la pelouse est encore noire de monde, les joueurs ont compris que cette bonne vieille coupe valait bien quelques heures supplémentaires.

NB
Univers City Immo

SYNERGIE
SYNERGIE
Univers
City
Immo
Univers
City
Immo
Univers
City
Immo
Univers
City
Immo

Chapitre 7

UNE JOURNÉE PARTICULIÈRE *à Saint-Denis*

Joris et Kevin n'ont ni l'allure ni l'équipement des sportifs accomplis. Avec leurs vélos bien fatigués et une préparation express, les deux trentenaires ont attaqué leur version à eux du voyage à Nantes pour rejoindre le Stade de France, le 7 mai en fin d'après-midi, quatre jours après être partis de La Beaujoire. Quatre étapes d'une centaine de kilomètres chacune, en suivant un itinéraire d'une précision incertaine. Une expédition joyeusement foutraque qui a illustré du mieux qu'il était possible l'enthousiasme du peuple jaune et vert, de Nantes à Saint-Denis en passant par Oudon, Le Mans ou Gas, en Eure-et-Loir, sous la bienveillance des réseaux sociaux.

Joris Rocher et Kevin le Manaheze se sont rencontrés des années plus tôt en pratiquant ensemble le Kayak Polo du côté Château-Thébaud, au cœur du vignoble nantais, avec l'amour du FCN pour autre ciment de leur amitié. Depuis, la vie professionnelle les avait éloignés l'un de l'autre (Kevin réside désormais à Lourdes), les vicissitudes vécues sous le commandement de la famille Kita avaient aussi distendu leur rapport au club. Sans rompre le lien : « On s'était lancé le défi en début de saison, racontent ceux qui concouraient aussi en canoé bi-place jaune et vert. On voulait marquer le coup parce que ça fait 22 ans qu'on n'a pas eu cette coupe. Quand on s'est demandé comment on allait [se rendre] au Stade de France, on s'est dit : pourquoi pas en vélo ? » Ils ont atteint leur but, un ours en peluche accroché derrière la selle arrière. Après avoir traversé quelques moments pénibles, d'autres beaucoup plus sympas, comme cet échange avec un supporter marseillais qui fait demi-tour après un rond-point, à la sortie de Chartres, juste pour les encourager. Cet élan de sympathie autour de leur périple leur permet d'avoir encore la banane la veille au soir, quand ils débarquent à mon domicile, pour leur dernière halte avant le Stade de France. Ce choix les a obligés à rallonger la troisième étape d'une vingtaine de bornes, avec la majorité des 145 kilomètres effectués vent de face, dans une plaine bien dégagée. Pas grave. « On veut véhiculer un autre message que l'image qu'on peut avoir des supporters de foot, faire de chouettes rencontres », nous expliquent-ils au petit-déjeuner. Kevin l'a expérimenté dès sa « préparation », quand il a été dépassé par un fan du stade rennais sur les pentes d'Hautacam : au sommet les deux se sont retrouvés pour une vidéo où ils chantent aussi la gloire des Rouge et noir.

« Au départ, nous n'avions pas de place au stade, comme nous n'étions pas abonnés. Puis, le groupe de supporters "Activ Nantes Support" a accroché au projet et nous a donné les tickets pour la finale. » Ils parcourront les 410 kilomètres avec un t-shirt et une gourde à l'effigie du groupe, improbable duo à la proue d'une marée jaune et vert. Au départ, la répartition décidée par la FFF (la Fédération française de football) semble limpide : 21 000 billets pour Nantes, 19 800 pour Nice, 12 500 pour la famille du football, 6 200 en hospitalités, 6 000 pour le protocole et bénévoles, 3 000 pour les groupes et comités d'entreprise, plus 9 000 billets grand public partis le 26 avril en moins d'une heure, plutôt en direction de la Loire-Atlantique que des Alpes-Maritimes. Au matin du 7 mai, on s'attend donc à un

SDF plutôt jaune et vert, deux mois après le déferlement de bonheur sur la pelouse de la Beaujoire au bout de la demi-finale contre Monaco (2-2, 4-2 aux t.a.b., le 2 mars). Beaucoup de fans canaris sont opposés depuis longtemps à l'esprit du FCN version Waldemar Kita. Mais l'antagonisme passe en arrière-plan.

Tout le monde a su « compartimenter », pour reprendre l'expression d'Antoine Kombouaré, lui-même très distant avec son président depuis le mercato d'hiver. Le « collectif nantais », qui ambitionne de reprendre le club autour de Mickaël Landreau et d'entrepreneurs locaux, a lui aussi adapté sa communication et son agenda. L'ancien gardien était en tribunes pour la demi-finale, il l'est encore pour la finale, 18 ans après le dernier passage du FCN à Saint-Denis, cette fameuse finale de Coupe de La Ligue où avait manqué le tir au but décisif en tenant une panenka stoppée par Teddy Richert, le gardien sochalien. Il a veillé à ne pas brouiller son message et a repoussé de quelques jours sa conférence de presse sur le lancement d'une campagne de crowdfunding, initialement prévue dans les heures suivant la demi-finale : « Soutien à ceux qui œuvrent pour nous rendre le FCN », proclame pourtant une banderole qui s'est invitée sous la tribune présidentielle, après Nantes-Monaco, une référence directe de la brigade Loire à l'initiative de l'ancien capitaine jaune et vert. Après avoir levé environ 7,5 millions d'euros auprès d'entrepreneurs et de personnalités locales ayant versé chacun 100 000 euros au minimum, il a mis en place, début mars, une plateforme de financement participatif, baptisée : « Fédérons autour du collectif nantais. »

« Il y a un réel engouement. Quand je suis à Nantes, on m'interpelle : “Je suis le 584e, je suis le 1 100e !” Par rapport à ce qu'on voulait vivre, drainer, on est hyper contents. On avait besoin de temps pour l'acculturation du projet global. Si on doit reprendre, ce sera avec un projet de fond, écrit. Ça ne se fait pas comme ça. Ce qui est passionnant, c'est

Inter
marché

la dynamique », assure en avril Mickaël Landreau.

Antoine Josse, cheville ouvrière du financement participatif, abonde : « Pour des raisons administratives, c'est un peu fastidieux d'adhérer et pourtant, l'engouement est là. Ce qui nous surprend plutôt, c'est l'agilité des supporters. Un jeune qui ne pouvait pas apporter 100 euros a créé une cagnotte en expliquant son projet et a réuni [la somme], les associations de supporters ont ouvert une boutique en ligne, les bénéfices vont servir à acheter des actions. On en est déjà à une dizaine [...] acquises grâce à cette boutique. On ne se fixait pas d'objectifs, ça fait juste chaud au cœur qu'autant de gens se mobilisent. »

Avant la finale, l'entourage du président rappelle : « Le club n'est pas à vendre, pour autant Waldemar Kita examine bien évidemment toutes les offres sérieuses, c'est-à-dire financées. Les partenaires sérieux présentent leur offre au propriétaire et font rarement le tour des plateaux de télé ou de radio avant d'avoir monté leur dossier. Waldemar Kita se concentre sur l'excellente saison du club, preuve que le travail, la persévérance et la vision paient. »

Autour de 260 000 euros seront récoltés via le financement participatif (1 728 souscripteurs). Un bilan à la fois modeste et remarquable, selon le point de vue que l'on adopte. Il confirme surtout l'existence d'un sentiment d'appartenance peu commun. Il avait déjà émergé en avril 2018, au moment de saluer la mémoire d'Henri Michel, plus grand joueur de l'histoire du club, ou en janvier 2019, pour encaisser le choc de la disparition dans la Manche de l'avion d'Emiliano Sala, entre Nantes et Cardiff. Pendant le confinement, la mise en place de ventes aux enchères par Cyril Dumoulin, le gardien de l'équipe de handball, le H, a aussi réactivé cette idée d'un collectif qui transcende les générations autour du sport à la nantaise : quand Raynald Denoueix offre sa médaille de champion de France 2001 en faveur des soignants, la communauté se mobilise pour faire monter très haut la somme récoltée et rendre à l'ancien entraîneur du FCN ce qui lui appartient.

Alors au matin de la finale Thierry Tissot, président de l'association Activ Nantes, qui s'est démenée afin de trouver des cars pour ses 900 adhérents, explique dans L'Équipe : « Il y a un vrai espoir derrière et la Coupe arrive à point nommé, dans une forme d'alignement des planètes. » Un message sonore de Mickaël Landreau sera diffusé aux passagers. Deux TGV spéciaux ont été affrétés, des dizaines de cars sont partis de la Beaujoire après un petit-déjeuner géant. L'autoroute A11 est encombrée de voitures aux couleurs de l'octuple champion de France. Il y a là beaucoup d'anciens guettés par la nostalgie. Beaucoup de jeunes, aussi, nés trop tard pour vivre les dernières grandes heures, celle du titre remporté en 2001. Ce n'est plus le même Nantes, mais ça reste Nantes. D'une génération à l'autre, une joyeuse histoire de transmission se joue entre Loire et Seine. 17 000 personnes sont ressemblées au pied des deux écrans géants du cours Saint-Pierre et du cours Saint-André, plus du double déferle sur la capitale. Ce n'est pas une surprise pour qui a vécu les épisodes précédents. Ni l'engouement ni les scènes de fraternisation, au pied du Sacré-Cœur ou dans le métro, entre fans nantais et niçois. Trois semaines avant la finale de Ligue des champions entre Liverpool et le Real Madrid, dont l'organisation fera honte à la France du foot, la fête est complète. Sur le parvis du Stade de France, le climat est joyeux, la présence policière purement formelle. Niveau supporters, la domination nantaise saute aux yeux. Elle est presque gênante en tribunes où, très vite, il n'y a pas de match. Dans leur virage, les ultras nantais déploient, juste avant le coup d'envoi, le tifo le plus impressionnant de l'histoire de l'enceinte dionysienne. Il dévale sur les trois niveaux du virage. Au pied, ce message : « Quoi qu'il arrive, maintenons le cap. » « J'ai rarement vu nos supporters comme ça, avouera Quentin Merlin. La tribune Loire sur trois étages, tout le monde sautait, [c'était] un truc de fou, je ne pensais pas que cela allait autant faire de bruit. » Le contraste avec la modestie du tifo niçois est cruel. « Un tifo et un ticket de métro », ironisera un internaute. Le taux d'occupation est à l'avenant. On est très loin du 50-50 habituel. Les deux tiers du stade, au moins, sont jaune et vert. Et l'électricité présente en demi-finale a été transférée jusqu'à Saint-Denis, comme l'énergie qui va avec. « On a gagné le match des tribunes et du terrain », constatera l'entraîneur nantais, qui avait déclaré, la veille : « On sent qu'il y a une attente, beaucoup de soutien, une ferveur, des gens qui ont envie d'apporter leur amour. » Comme un hommage à cette communion aussi intense qu'inespérée, le car des joueurs arrivera à la mairie, le lendemain, avec l'ours de la Joke Nantaise posé sur le tableau de bord.

Chapitre 8

LE QUATRIÈME SACRE *de Saint-Denis*

L'intime conviction n'a aucune valeur dans le sport de haut niveau. Elle est même, souvent, très mauvaise conseillère. Mais il flotte dans l'air, le 7 mai au matin, une forme d'évidence, cette sensation que deux trajectoires se croisent, qu'elle se sont même croisées bien avant la finale. Nice n'est plus vraiment cette machine qui avait piégé Nantes le 12 septembre (0-2), en opérant à la mode Christophe Galtier : de la solidité d'abord, de l'aisance en contre par la suite, pour souligner la différence d'alors entre un prétendant à la Ligue des champions et un candidat au maintien. Depuis janvier, le collectif azuréen se délite sur fond de désaccords internes. L'entraîneur champion de France avec Lille, un an plus tôt, voulait des renforts de poids lors du mercato d'hiver. Il ne les a pas obtenus, et ce désaccord profond altère son entente avec Julien Fournier, le directeur général du club, avec qui ses relations sont glaciales avant-même la finale. Le Nice qui arrive au Stade de France a gagné cinq de ses treize derniers matchs de Ligue 1 depuis début février. Comme Nantes. Sauf que le FCN, lui, depuis sa qualification pour la finale, a objectivement préservé ses forces pour cet objectif. Nice a éliminé le Paris-SG en 8e de finale et Marseille en quart, il devrait être porté par la dynamique d'une équipe qui a plané sur l'édition 2022 de la Coupe de France. Mais c'est comme si son destin dans l'épreuve était parasité par un contexte pesant. « C'est toujours un

plaisir, c'est toujours une joie d'amener une équipe, un club et toute une ville au Stade de France. C'est un moment très particulier dans une carrière, rappelle Christophe Galtier, la veille, en conférence de presse. C'est aussi un moment particulier pour nos joueurs. C'est la juste récompense d'un très beau parcours en Coupe de France. Ce n'est pas souvent que l'OGC Nice a pu remporter ce trophée ou participer à une finale de Coupe de France. Il y a une saveur particulière. Mais de la pression, non. J'attends de mes joueurs qu'ils n'aient aucune pression. Ça ne doit être que du plaisir, avec un investissement total sur ce match-là pour rendre fier et heureux tous les salariés du club et les supporters. Il ne doit pas y avoir de pression. Si c'était pour venir avec de la pression, on aurait dû se faire éliminer plus tôt dans la compétition. »

Neuf ans plus tôt, il a gagné la Coupe de la Ligue avec Saint-Étienne, et il connaît la recette : « Évidemment qu'il nous faudra un supplément d'âme, mais il faut que les joueurs restent eux-mêmes. Ce n'est pas le moment de chercher à inventer quelque chose. On a notre parcours. Il y a quelques semaines, on était malades, et bien malades. Ça va un peu mieux. J'ai retrouvé, à l'approche de ce rendez-vous, beaucoup plus d'énergie, de solidarité, d'engagement, de manière individuelle et collective de la part du groupe. »

Comme souvent, il se montre à l'aise face aux micros. Pourtant, son discours convainc moins que celui de son concurrent et ami, Antoine Kombouaré. « C'est un match particulier, parce que c'est mon club formateur. J'y ai passé sept ans comme joueur, j'y reviens comme entraîneur, et ça fait longtemps que le club n'est pas revenu ici », explique ce dernier. Contrairement à Christophe Galtier, resté fidèle jusqu'au bout à son habituel no 2, Marcin Bulka, il choisit de réintégrer Alban Lafont plutôt que de maintenir Rémy Descamps. « Quand vous faites une finale, et ça fait 22 ans que Nantes attend ça, il faut mettre les meilleurs, et je sais qu'aujourd'hui Alban est meilleur que Rémy [Descamps], justifie-t-il. Dès le match de Monaco, quand on a réussi cette qualification [aux tirs au but, en demi-finale], dans mon esprit, Alban allait jouer la finale. » Sa décision, il l'a communiquée dès le début de la semaine aux intéressés. Pour les tours précédents, il avait patienté au maximum. Mais, dès le lundi, l'entraîneur nantais a perçu une attente sur ce dossier. À cinq jours de la finale, lors de l'échange avec la presse qui ouvrait la semaine, il déclare d'abord : « Vous verrez, je déciderai au dernier moment », avant d'ajouter : « Cela ne doit pas être inconfortable pour mes gardiens. Sinon, c'est embêtant, surtout pour mon groupe. »

Les deux intéressés, à la sortie de l'entraînement, font face aux mêmes questions : « Le coach ne nous a rien dit, on verra bien en fin de semaine. Je me prépare comme si j'allais jouer, répond Rémy Descamps. Lors des matchs précédents en Coupe de France, on ne savait pas non plus jusqu'au dernier moment lequel de nous deux allait jouer. Le choix s'est à chaque fois porté sur moi, on verra pour la finale. » « Ce n'est pas compliqué de ne pas encore savoir qui va jouer, ajoute Alban Lafont. Quoi qu'il arrive, je serai derrière l'équipe. Non, ce ne serait pas dur pour moi de ne pas jouer car je respecte les choix du coach. Je suis capitaine en Championnat, c'est mon rôle. Titulaire ou remplaçant, je vais me donner à fond. »

Mais le débat n'est pas anodin. Alban Lafont a été titulaire lors des 35 journées de L1, il a été intronisé capitaine par Antoine Kombouaré en février 2021, il réussit la meilleure saison de sa carrière, est à la lisière de l'équipe de France et vient d'être nominé dans la liste des cinq meilleurs gardiens du championnat pour les trophées UNFP. Rémy Descamps, de son côté, a été performant lors de la séance de tirs au but mais moyen dans le jeu, lors de la demi-finale contre Monaco. Il a aussi été arrêté quelques semaines en raison d'une blessure à un coude en amont de la finale. Sportivement, il y a trop d'écart. Surtout, l'entraîneur sent poindre le débat qui peut empoisonner l'avant-finale. Alors qu'il a tout fait, justement, pour « dédramatiser » l'événement, comme il le dit. Le lundi, à une heure où les enfants sont à l'école, la séance est ouverte au public, histoire de sentir l'attente, un peu mais pas trop : une centaine de supporters seulement s'est déplacée sous le soleil. Nous sommes exactement deux mois après la demi-finale. « Dans mon esprit, c'est une semaine normale, on sait ce qu'on doit faire, assure Antoine

Kombouaré. On vit une saison fantastique, on a trouvé le mode d'emploi pour se qualifier après cinq tours en Coupe ; on se prépare bien, on profite de l'instant présent. Quand vous jouez votre survie comme on l'a vécu l'année dernière, là, c'est compliqué. Mais jouer une finale de Coupe de France, ce n'est que du bonheur. Beaucoup d'entraîneurs rêveraient d'être à ma place, de joueurs à la place des Nantais et des Niçois, donc il faut apprécier l'événement. »

Hormis Charles Traoré, blessé depuis plusieurs semaines à un genou, il dispose d'un groupe au complet. Pedro Chirivella, mis à l'arrêt par ses adducteurs, a rejoué 45 minutes à Lens (2-2), le samedi précédent. « C'était un peu long depuis Monaco, mais il reste cette semaine de travail pour bien préparer le match le plus important de la saison, et je crois qu'on est prêts, assure le milieu espagnol. Il faut rester tranquilles car on a beaucoup d'émotions à vivre. Nice est une grosse équipe, mais on va montrer qu'on est au niveau aussi. »

En fait, le métronome nantais est tout juste en état de disputer cette finale. Mais il est trop important, dans le dispositif, pour qu'Antoine Kombouaré envisage de s'en passer. « Je suis très optimiste, très motivé, explique ce dernier en conférence de presse. Il y a un peu d'excitation et surtout beaucoup de sérénité. Ce que j'aime, c'est qu'on ressent beaucoup de calme chez les joueurs, c'est bien. »

Dans la semaine, il a programmé une séance à La Beaujoire, en plus de celle de veille de match au Stade de France. Quand Emmanuel Macron descend saluer les joueurs avant le coup d'envoi, il a atteint l'objectif qui était le sien deux mois plus tôt, au lendemain de la qualification : disposer de son équipe-type, d'un groupe qui a gardé assez d'élan en Championnat pour donner au club sa quatrième Coupe de France moins d'un an après avoir failli sombrer en L2. Avant la finale, les Aiglons de Galtier ont battu trois fois sur trois les Canaris d'Antoine Kombouaré, qui sait le rappeler : « Ils sont plus forts que nous, ils finiront le Championnat devant nous, et je n'ai pas encore trouvé la recette contre eux. »

« Il n'y a pas un jour où je n'ai pas pensé à cette finale », a annoncé Christophe Galtier. Son homologue pourrait lui répliquer qu'il y a pensé à chaque minute ou presque depuis le 2 mars. En début de semaine, il a laissé pointer l'émotion au moment d'évoquer ce rendez-vous particulier pour lui. Deux fois vainqueur de la Coupe de France comme joueur, une fois comme entraîneur, il sait mieux que quiconque aborder une finale. Il sait aussi combien ces grandes fêtes débouchent rarement sur de grands matchs. Nice a beaucoup déçu ses supporters, tout au long de la saison, avec son jeu minimaliste, en décalage avec les moyens financiers mobilisés par son propriétaire, INEOS. Nantes, de son côté, a construit son redressement sur des principes basiques, un bloc bas et quelques joueurs de classe pour sublimer le moindre contre. Nice possède la meilleure défense de France (29 buts encaissés), les deux entraîneurs se connaissent parfaitement et, comme l'a rappelé Christophe Galtier, « une finale, ce n'est pas le moment d'essayer d'inventer quelque chose ». Les deux formations se présentent dans le dispositif attendu : 5 – 3 – 2 avec Marcus Coco dans le couloir droit pour Nantes, l'immuable 4-4-2 de l'ex entraîneur lillois côté Nice. La continuité pour maintenir des repères, puisqu'il est trop tard pour ressusciter la confiance de ses attaquants : au coup d'envoi, Amine Gouiri n'a plus marqué ni offert de passe décisive depuis 13 journées de Championnat, et Kasper Dolberg vit sans but en L1 depuis près de quatre mois. L'international Espoirs, comme l'international danois, est pourtant titulaire face à Nantes. Le premier gâche la première occasion du match (8e) avec une maladresse technique qui cadre mal avec son toucher de balle soyeux, en temps normal. Un peu plus tard, il ne cadrera pas une frappe du gauche alors qu'Andy Delort attendait sa passe, démarqué à l'entrée de la surface. Le second va traverser la partie dans l'anonymat qui semble devenu sa seconde nature. Il sortira dès la 63e minute, victime des premiers changements impulsés par son entraîneur pour inverser la tendance. Car Nantes a ouvert le score sur l'erreur initiale des Aiglons. Depuis que les finales se disputent au Stade de France, le FCN a invariablement fait la différence sur penalty. Pour une poussette pas très nette de Stéphane Borbiconi sur Frédéric Da Rocha en 1999

face à Sedan, pour un contact guère plus évident entre Fabrice Baron et Alain Caveglia en 2000 face à Calais. À chaque fois, la décision de l'arbitre avait laissé un goût amer dans la bouche des adversaires et rendu MM. Garibian et Colombo célèbres, chez les perdants, pour leur discernement discutable.

Il n'y avait aucune raison pour que cela change sous prétexte que, pour la première fois, la finale de la Coupe de France est arbitrée par une femme. Sur le coup d'envoi de la seconde période, Randal Kolo Muani s'échappe côté droit. Son long centre file de l'autre côté de la surface. Et Stéphanie Frappart n'hésite pas quand elle voit la remise instantanée de Quentin Merlin déviée par la main d'Hicham Badaoui. Elle signale le penalty qui s'impose dans le nouveau monde du sifflet, guidé par les barèmes plus que par l'esprit. À une époque, ce type de « faute » pouvait être zappée, d'autant que le ballon est revenu dans les pieds du latéral nantais après l'interférence du Niçois. Ou alors elle aurait pu être sanctionnée d'un coup franc indirect. Plus maintenant, où tout vaut penalty, l'agression comme la main involontaire, dès lors qu'elle est décollée du corps. Les Aiglons crieront à l'injustice et trouveront en Eric Roy, consultant de France Télévision ce soir-là, un porte-parole auto-proclamé. Né à Nice, l'ancien milieu de terrain y a joué (1988-1992, puis 2002-2004) et entraîné (2010-2012). Ses commentaires « L'histoire du penalty, c'est n'importe

quoi. On va décider d'un gagnant d'une finale sur ce penalty-là. C'est complètement nul » sont perçus comme partisans. « J'aurais dit exactement la même chose si le penalty avait été dans l'autre sens, se défend-il le lendemain dans L'Équipe. La réalité, c'est que je n'ai pas critiqué Stéphanie Frappart. J'ai critiqué le règlement sur ces fautes de main avec un penalty qui est, à mon sens, sévère. »

De fait, on peut considérer une règle injuste, on ne peut pas reprocher à la personne chargée de l'appliquer de le faire. Christophe Galtier aura l'intelligence de ne pas verser dans cette facilité, une fois la défaite consommée : « C'est une action sûrement travaillée côté nantais, par Antoine [Kombouaré]. Il y a ce long centre et Hicham [Boudaoui], dans la surface, qui voit le ballon lui arriver sur la main, mais une main décollée. Si Mme Frappart a pris la décision de siffler penalty, c'est qu'il y était. Quand vous arrivez en finale, vous mettez tout en œuvre pour essayer de l'emporter. On a eu très peu de réussite dans ce qu'on a entrepris. Il y a eu beaucoup de déchets dans notre jeu, pas assez de combinaisons. C'est un grand regret, une très grande déception mais sur l'ensemble du match, il faut féliciter le FC Nantes, qui nous a fermé tous les espaces et qui nous a été supérieur dans l'intensité. La percussion de ses attaquants nous a mis en difficulté. Bravo à Nantes. » Il rumine encore, intérieurement, cette énorme occasion de la 71e minute. Comme en Championnat quelques semaines plus tôt, une percée de Kephren Thuram a mis le collectif nantais en pagaille, mais la frappe d'Amine Gouri tombe en plein sur Alban Lafont, qui la repousse ; Andy Delort reprend, et cette fois, c'est Andrei Girotto qui s'interpose.

Les fameux « détails » qui font chanceler le destin, sans doute. Sur le penalty, Marcin Bulka a choisi de plonger sur sa droite mais pas trop vite. Il sait que Ludovic Blas les tire en force, dans l'axe, souvent légèrement sur la droite du gardien. C'est de nouveau le cas au SDF, mais il frappe trop fort et trop au centre pour que le gardien s'interpose. Avant ce but, le capitaine nantais avait contrôlé trop loin un ballon savoureux (28e) ; après, le FCN a obtenu la majorité des occasions. Une reprise à côté de Pedro Chirivella (50e), une tentative de Moses Simon entravée par Jordan Lotomba sur un raid magnifique de Randal Kolo Muani (58e) ou une tête non cadrée de Jean-Charles Castelletto (60e). Les dernières tentatives azuréennes semblent désespérées, déshabillées du soupçon de détermination qui habite ceux qui croient vraiment en leur entreprise. La suite du Championnat confirmera combien le ressort des Aiglons était, sinon cassé, du moins bien distendu.

Tout l'inverse de la solidarité qui transpire dans tous les mouvements nantais, des fulgurances de Randal Kolo Muani à l'assurance de Nicolas Pallois, impressionnant d'autorité. L'avant-centre et le défenseur central seront les mieux notés (8/10) par le quotidien L'Équipe. Nantes rappelle par sa capacité à subir sans trop souffrir, et toutes proportions gardées, l'équipe de France de Didier Deschamps, championne du monde en 2018.

« J'étais au match samedi soir, racontera le surlendemain dans Ouest-France Michel Denisot, le président du PSG quand Antoine Kombouaré y évoluait. Je regardais comment jouait son équipe, ce bloc qui se déplaçait, [serais-je] tenté de dire, à la manière des équipes d'Artur Jorge, qui l'a bien connu. Il a su faire de son groupe un vrai bloc cohérent, solidaire. Une équipe qui joue vraiment ensemble, qui se déplace sur le terrain de façon très collective et dense. Il y avait beaucoup de concentration, samedi, dans les rangs nantais et ça a beaucoup joué sur le résultat. C'est sa patte. Je ne parlerai pas de réhabilitation, il n'en avait pas besoin. C'est une consécration. »

Même Pedro Chirivella, diminué par une pubalgie tenace depuis des semaines, donne ce qu'il lui reste, c'est-à-dire plus grand-chose. Il ne jouera pas les trois dernières journées de championnat : « On l'a amené jusqu'au bout, admettra le coach nantais le mardi suivant, à la veille du derby contre Rennes. Il a travaillé pour faire cette finale, ce fut une réussite, il peut se reposer maintenant. On pense à la suite car il souffre terriblement. »

Le FCN est allé au bout de lui-même, même si le succès contre Rennes, quatre jours plus tard en Ligue 1, montrera qu'il lui restait un soupçon de réserve. Au coup de sifflet final, c'est encore l'explosion. Cette fois le public n'est pas autorisé à rejoindre la pelouse. Elle appartient aux joueurs, et surtout aux vainqueurs. Quand les Niçois reçoivent la médaille des battus, ils n'ont nulle part où aller se consoler, sinon aux vestiaires. Le virage azuréen s'est vidé très vite de ses spectateurs, comme si ces derniers n'en pouvaient plus d'une défaite qui était aussi la leur : la ferveur canarie a submergé le Stade de France du ras du gazon au toit des tribunes, ce 7 mai 2022. Avant de soulever le trophée sur la petite estrade érigée au niveau du rond central, Ludovic Blas et ses copains jubilent, encore et encore. Antoine Kombouaré est sonné. Il est passé des bras de son staff technique à ceux de ses joueurs, en passant par l'accolade amicale de Christophe Galtier. « Il n'y a pas de motif de satisfaction quand on perd en finale, reconnaît ce dernier. Les têtes sont lourdes, les joueurs sont tristes. On n'a pas fait une grande finale. »

Encore en lice pour une qualification en Ligue des champions via le championnat, les Aiglons quittent les lieux un peu abasourdis, ils ne prennent pas forcément la mesure de cet échec. À l'inverse d'un Randal Kolo Muani ravi d'avoir glané un trophée avec son club formateur juste avant de le quitter pour Francfort : « C'est incroyable ; franchement, je n'ai pas les mots. Finir sur cette note, c'est vraiment magique. Ça restera gravé à vie, je pourrai partir en paix. Je suis content de la donner aux supporters. On est vraiment une famille. On a vécu pas mal de choses difficiles la saison dernière et ça nous a vraiment soudés. On arrive à surmonter toutes les épreuves. Quand j'en rêvais, je marquais. Mais on l'a gagnée. Ça me suffit. »

Quentin Merlin, l'autre vainqueur formé au club, se réjouit : « On est Nantes et on est en Europe ! Je pense que je réaliserai au réveil. Gagner la Coupe, c'était un rêve. On va prendre le temps de digérer, de profiter avec l'équipe et puis avec ma famille. Je souhaite à tous les jeunes du club de vivre ça un jour. »

Ce succès envoie Nantes en Ligue Europa. Une façon de relier cette équipe au passé glorieux du club, quand les coupes

d'Europe faisaient partie du quotidien : la dernière fois que le FCN s'était qualifié pour une vraie coupe d'Europe (en 2004, il avait disputé la peu regrettée coupe intertoto), il était entraîné par Raynald Denoueix. Un passage de témoin pas anodin du tout pour Antoine Kombouaré : « Je suis en train de vivre un truc de malade. Même dans mes rêves les plus fous, je n'aurais jamais cru revenir à Nantes en tant qu'entraîneur et remporter un trophée, reconnaît-il. Je remercie le staff mais surtout les joueurs qui ont été merveilleux, exceptionnels. Nous qui venions de nulle part. Il y a un an, on pouvait crever et aller en Ligue 2. Et là, on va se retrouver à jouer la Ligue Europa. Forcément on a du mal à y croire. C'est aussi la victoire des supporters qui nous ont donné beaucoup d'énergie, beaucoup de force. Avec Christophe Galtier, on rigolait un peu avant le match. Il m'a dit : “Vous avez gagné la bataille des tribunes.” Moi, je lui ai répondu que je voulais gagner la bataille du terrain. Merci aux supporters ! Ils ont fait comme moi, ils ont compartimenté. On peut avoir des problèmes avec le président mais après, sur le terrain, on n'a qu'une envie, c'est de voir nos couleurs portées haut et gagner des matchs. Le public a compris ça. »

Antoine Kombouaré n'a jamais connu plus belle victoire que celle-ci. Alors son plus grand succès de technicien, il l'associe à son histoire, à ses racines. « Et quand j'ai entraîné le FC Nantes, j'ai pensé à mes illustres aînés, les Coco [Suaudeau], Raynald [Denoueix], d'autres avant eux. Je dois tout à ce club et mon petit frangin, Christian Karembeu, m'a dit : “Maintenant, ça y est, on a payé notre dette envers le club.” »

Avec Antoine Kombouaré, le FCN a gagné le premier trophée de l'ère Kita, au terme de quinze années chaotiques. Le coach qui a transformé une équipe sait qu'avec un tel président, les turbulences ne sont jamais loin. Il n'ignore pas, non plus, qu'il vaut mieux engager un bras de fer quand on est en position de force. La nuit de fête n'a pas commencé qu'il joue déjà le match suivant.

Chapitre 9

UNE DRÔLE DE FÊTE

La douche froide a été réservée aux journalistes. Le 8 mai commence à peine, dans les coursives du Stade de France, qu'Antoine Kombouaré tempère l'euphorie régnant autour de lui. En zone mixte, il griffe : « Moi, je ne m'entends pas toujours avec mon président, mais j'ai mis de côté, et ce qui m'intéresse, c'est mon club. La relation de tous les jours avec le président, ce n'est pas facile, parfois il y a des gueulantes qu'on pousse et puis même des silences. » Une autre façon de formuler la sortie qui avait précédé, sur le gazon de Saint-Denis, au moment d'évoquer le formidable public qui a poussé le FCN au cours d'une saison mémorable, au micro de France 3 : « Ce sont des gens qui ont énormément souffert. C'est vrai que sous la présidence de Kita, ça n'a pas été facile pour eux. Moi non plus, je ne m'entends pas toujours avec mon président. Et ils ont fait comme moi, ils ont compartimenté. »

Sur la pelouse, quand joueurs et staff patientaient avant la remise de la coupe, la poignée de mains entre Waldemar Kita et l'entraîneur nantais a été brève. Pas la moindre esquisse d'effusion. Le fils du président, Franck, et Philippe Mao, le coordinateur sportif, ont eu droit à une franche accolade. Pas le grand patron, laissé en périphérie de la gestion quotidienne du club depuis des mois, soumis au silence d'Antoine Kombouaré à partir du mercato d'hiver. Relancé par nos confrères sur son avenir nantais,

ALLEZ NANTES

l'ancien défenseur dégage en tribunes : « C'est toujours indécis, on aura le temps de parler de tout ça. » Et s'il partait alors que son contrat est automatiquement reconduit pour un an, puisque le FCN s'est maintenu en L1 ? C'est la question qui agite la nuit dionysienne. Elle jette un voile sur la fête.

À cette heure-là, elle ne risque pas de gâcher la joie des joueurs et des supporters. Si Antoine Kombouaré ne s'attarde pas à la réception régentée par Waldemar Kita dans la capitale, cela n'étonne personne : ce n'est pas le genre d'endroit qu'il préfère et pas mal d'invités (les agents Mogi Bayat et Bakari Sanogo, l'ancien journaliste Pascal Praud) ne figurent pas dans la liste des gens avec qui il a envie de partager un verre. En revanche, l'entraîneur décommande sa participation à Téléfoot, sur TF1, désireux sans doute de ne pas trop en dire et de se recentrer sur sa joie profonde d'entraîneur. Sur ces images d'une ferveur invraisemblable. « On sait que notre public est notre force, témoigne Randal Kolo Muani. Habituellement, c'est à la Beaujoire mais là, ils nous ont suivis jusqu'ici. C'est exceptionnel. » « C'est de la folie, confirme Marcus Coco. Ils sont venus si nombreux, ils nous ont aidés à faire un super match. »

La communion déborde largement du Stade de France. Cette édition marquait le retour du public pour la finale, et l'après-match se veut à la hauteur. Dans les rues de Paris, de nombreux fans jaune et vert prolongent la fête. La plupart des joueurs également. Au moment de représenter le club pour l'émission Téléfoot, Marcus Coco et Alban Lafont sont depuis un moment sur la jante. Ils auront quelques heures pour se reposer avant le gros morceau de la journée : la présentation du trophée aux supporters, à Nantes. La délégation du FCN sait combien elle est attendue. Les plus anciens se souviennent de la folie dans les rues de la ville pour la première victoire du club dans l'épreuve, en 1979. Certains imaginent déjà un déroulement semblable, à la hauteur de ces quelques heures en lévitation depuis le but de Ludovic Blas. « On était toute la journée sur les réseaux sociaux pour regarder les vidéos des Nantais qui se rendaient au stade, dévoile Pedro Chirivella. Mon père m'a aussi dit qu'entre Nantes et Paris, la route était jaune et verte. » « On l'a fait pour nos supporters, rappelle Quentin Merlin. On est fier de leur apporter ce moment de bonheur. Quand on est devant le virage de nos supporters, devenu une tribune Loire géante, on a sauté, on a crié et on a partagé cette joie immense avec eux. On avait les larmes aux yeux et nombre d'entre eux étaient aussi en pleurs. » À ce moment-là, « on ne veut plus quitter le terrain, reconnait Ludovic Blas. On veut que ça dure le plus longtemps possible. »

Au fil de la journée du dimanche, pourtant, l'euphorie retombe tout doucement. La faute d'abord à une organisation incertaine. L'avion de la délégation

nantaise, attendu à 16 heures sur le tarmac de Nantes-Atlantique, atterrit finalement avec une bonne heure de retard. Et, avant d'aller saluer la foule massée place Saint-Pierre, les héros sont attendus à la mairie pour une cérémonie réunissant 400 VIP environ. Élus, famille, clubs de foot et de futsal de la métropole, CROS, CDOS, l'école du Cens, l'OMS, le District et la Ligue de football, etc. En attendant les joueurs, on cause législatives entre politiques. Jusqu'à ce qu'Ali Rebouh, l'adjoint aux sports, arrive avec les joueurs (la maire, Johanna Rolland, positive au COVID, n'a pas assisté à la finale). « Hier, dans un stade aux deux tiers rempli de supporters des Canaris, il y avait beaucoup de fierté d'être Nantais, déclare-t-il. Il y a aussi beaucoup d 'émotions données et partagées, quand on voit cette liesse populaire à Paris, à Nantes. C'est précieux dans le contexte de crises et de conflits géopolitiques que l'on connaît. Espérons que cette quatrième victoire historique en Coupe sera contagieuse. Car on a besoin de fraternité et d'émotion. Pour tout ça, un grand merci ! Savourons ce beau moment de partage. » Des enfants des 49 clubs amateurs de la métropole ont la chance de voir au plus près leurs héros. « Tout le peuple de Nantes était avec nous, on l'a senti ! », rappelle Ludovic Blas, trophée en mains.

À deux pas de là, place du Maréchal Foch, l'attente devient fébrile. Quand le car du FCN pointe le bout de son capot, certains supporters patientent depuis plus de cinq heures déjà. Il y a eu quelques huées, des sifflets d'agacement. Certains ont craint un défilé à la va-vite, façon équipe de France sur les Champs-Elysées en 2018, d'autant plus pénible que les membres de la brigade Loire ont brisé le bel ordonnancement souhaité par les forces de l'ordre en se plaçant tout près de la scène. Il n'en est rien. Le petit moment de tension s'évapore avec l'apparition des joueurs. Depuis leur siège, Randal Kolo Muani et quelques autres filment, avec leur téléphone portable, des supporters qui leur rendent la pareille. Personne ne veut perdre une miette de ces instants suspendus.

« Merci, merci, merci », répète Antoine Kombouaré au micro après avoir lancé le « Qui ne saute pas… » Il est le chef d'une délégation dont Franck Kita vient d'être exfiltré, au cas où. Waldemar, son papa, avait annoncé la veille dans Presse-Océan qu'il ne participerait pas aux festivités en ville, en cas de succès. La présence sur le podium du fils, directeur général délégué du club, aurait pu réactiver des braises au mauvais moment.

Avec plusieurs heures de retard, les joueurs sont là, l'énergie revient dans les rangs et ces paroles de Samuel Moutoussamy, quelques heures plus tôt, résonnent encore : « Cette médaille, on va la porter toute la journée, avait prévenu le milieu. Ce qui rend le plus heureux, c'est le public ! La médaille, c'est un morceau de ferraille. C'est la ferveur du public qui est magnifique. » Les joueurs n'ont plus grand-chose à dire à leurs supporters. Il faut juste profiter de la joie de « l'ambianceur » Randal Kolo Muani, écouter le chant en hommage à Emiliano Sala s'élever dans le ciel. Didier, 59 ans, venu avec le club des Franco-Portugais de Nantes, qui a connu des matchs à Marcel-Saupin, raconte dans L'Équipe : « J'ai versé ma petite larme. C'est comme un miracle, avec la même équipe qui était dans les bas-fonds la saison passée (18e et barragiste en L1). Tout est dans les têtes. »

Ce 8 mai 2022 en fin d'après-midi, tout le monde comprend la signification du « On est Nantes, putain ! », devenu le slogan des fans au cœur des années sombres, celles incarnées par Waldemar Kita.

Le président du club, justement, revient dans le jeu. Depuis plusieurs mois, il

Le Président Macron félicite Ludovic Blas et tous les Nantais.

s'était imposé un jeûne médiatique dont l'effet bénéfique était indéniable : moins on entendait le bouillant propriétaire du FCN, mieux ce dernier se portait. Avant la finale, pas mal de gens, en interne, avaient prié pour qu'une prise de parole intempestive ne vienne pas polluer la préparation de la rencontre. L'interview parue le jeudi chez nos confrères de Presse-Océan n'avait pas créé de secousse inutile : l'homme d'affaires y ressassait ses éternelles rancunes, du centre de formation à reconstruire au nouveau stade qu'on lui avait « refusé », entre autres choses. Et ces phrases en forme de bilan : « Je ne suis pas content de moi. Parce que je ne réussis pas ce que je veux. Le stade, le centre de formation, on aurait pu changer beaucoup de choses. Toutes ces relations avec les politiques... Moi, j'ai envie de construire. J'essaie de gérer le club comme un bon père de famille. J'aime bien le contact. En ce moment, je n'en ai pas car j'ai mes affaires, florissantes, et ce n'est pas toujours très évident. Ce n'est peut-être pas plus mal. Ça évite, sans doute, des polémiques. »

Après la victoire sur Nice, Waldemar Kita a profité du rassemblement de ses proches pour souffler ses 69 bougies. Il n'a pas pu ne pas voir un signe dans ce trophée qui met fin à quinze années d'échecs le jour de son anniversaire, 22 ans pile après Mickaël Landreau soulevant le trophée en compagnie du Calaisien Réginald Becque. Alors la tentation est trop forte. Au moment-même où les joueurs paradent place du Maréchal-Foch, le président a convoqué les médias pour une conférence de presse, au stade de la Beaujoire. Sa façon à lui de parasiter la fête, que ce soit conscient ou non. D'être, acteur, malgré tout.

Et faire son show. La soirée ? « Non, je n'ai pas chanté mais j'ai fini très tard la nuit. J'ai la voix de Barry White (sourire). On est allés dans un établissement où on pouvait fêter le titre tous ensemble, avec les joueurs, les sponsors, des invités. Ils ont passé une bonne soirée. Ils m'ont offert un beau gâteau d'anniversaire, c'était très sympathique ! Sergio Conceiçao m'a téléphoné à 2 h du matin pour me féliciter. Tout le monde était content et attendait ça depuis 22 ans, c'[était] fantastique. Quand tu vois cette ambiance et les trois quarts du Stade de France en jaune et vert, c'est magnifique. Cette marée jaune, c'était impressionnant. On ne demande qu'une chose : recommencer. » Emmanuel Macron ? « J'ai essayé de lui donner des explications par rapport à mes activités. En lui précisant que mon métier, ce n'était pas le football. Je pense qu'il était content. Il m'a dit à la fin : "Président, on a besoin de gens comme vous en France." »

Sa part dans le succès ? « C'est une satisfaction de montrer que le travail paie à un moment ou à un autre. Personne n'en parle mais on a mis beaucoup de moyens. On a retenu Lafont, pas laissé partir Blas, idem pour Simon, Girotto a failli partir. On a revu les contrats et la masse salariale qui représente à peu près, je crois, 3,5 millions de plus par rapport à la saison dernière. »

Et Kombouaré ? « Je n'ai rien à dire là-dessus. Il est normal que tout le monde se pose des questions et qu'il ait cette réflexion. C'est même intelligent de sa part. Au quotidien, il travaille avec Franck et Philippe Mao. Si ça se passe mal, il faut qu'il s'adresse à eux, si ça se passe bien, il faut qu'il s'adresse à moi. Il a encore une année de contrat. Ne polémiquons pas. Un super boulot est en train de se faire. Je voudrais qu'on soit positif pendant 24 ou 48 h. Il a le droit de dire ce qu'il a envie de dire. Il est libre. »

Au-delà de ces déclarations assez autocentrées, le public retiendra cette phrase de préambule, adressée aux journalistes présents, pas vraiment ravis d'avoir couru jusqu'au stade écouter la parole du boss au moment précis où les joueurs communient avec les supporters en centre-ville : « Ben, faites pas la gueule, vous êtes contents quand même, non ? » Et cette autre, qui sera lâchée sur les antennes de RMC, sur les

propos d'Antoine Kombouaré : « C'est un manque de courtoisie. Si je l'ai mal pris ? On sait très bien qu'on est dans le football, certaines paroles ne sont pas maîtrisées intellectuellement. »

Moins de 24 heures après son premier succès en 20 ans et au bout d'une saison sans polémique inutile, Nantes est déjà redevenu Nantes, ce club enclin à l'automutilation, soumis aux forces centrifuges et aux courants contradictoires. À l'agenda judiciaire, aussi. Trois jours après les agapes dans le XVIe arrondissement de Paris, trois membres de la direction du FCN sont placés en garde à vue dans le cadre d'une enquête sur des transferts de joueurs, et des commissions versées à des intermédiaires. Les gardés à vue, tous proches de Waldemar Kita, ont été relâchés dans la soirée. Mais l'épisode confirme que, sous cette présidence, les ennuis ne sont jamais loin.

Heureusement, il reste le foot. Dès le mercredi, Rennes est au programme de la L1 pour les retrouvailles avec La Beaujoire. Le voisin breton rêve encore d'une qualification en Ligue des champions, et l'entraîneur renvoie à cette priorité : « Moi, je ne suis pas important, a-t-il déclaré. Si j'annonce des objectifs et que je pense à mon avenir, je ne suis pas sérieux. Aujourd'hui, on ne parle pas de ma situation. Ma décision n'est pas prise, il n'y a rien de définitif et ça ne date pas d'aujourd'hui. On prendra le temps avec le président de se rencontrer. Je n'ai jamais parlé de partir, je suis un homme heureux, j'ai un contrat. Après, on verra à la fin de la saison. »

Pour bien appuyer son discours, il annonce que la Coupe de France ne sera pas présentée au public dès ce match mais après le dernier de la saison, le 21 mai contre Saint-Étienne. Et, encore une fois, son équipe le suit. Le FCN débute contre son voisin d'Ille-et-Vilaine avec une équipe très remaniée (Sébastien Corchia, Fabio, Wylan Cyprien, Osman Bukari, Willem Geubbels et Kalifa Coulibaly, remplaçants au Stade de France, sont titulaires), il est rapidement mené (but de Flavien Tait, 32ᵉ). Mais Benjamin Bourigeaud a trouvé le poteau, sur coup franc (39ᵉ), Flavien Tait (47ᵉ, 56ᵉ) et Gaëtan Laborde (63ᵉ) ont manqué le cadre. Nantes, de son côté, s'est montré bien plus efficace. Il profite d'une mauvaise inspiration d'Adrien Truffert, après une relance ratée d'Alfred Gomis, pour égaliser juste avant la pause, grâce au genou de son attaquant malien ! « Une fois qu'on a égalisé, je me suis dit, c'est fini. Rennes a pris un gros coup sur la gueule », expliquera Antoine Kombouaré. En deuxième période, Nicolas Pallois ajuste une reprise de volée magistrale (71ᵉ) et ruine les espoirs de C1 de la bande à Bruno Genesio. C'est la 11ᵉ victoire de la saison à domicile pour Nantes, son meilleur bilan depuis la saison 2002-2003, et personne mieux que le défenseur ne peut symboliser cet exercice exceptionnel.

« Tout le monde a répondu présent. Tout

nous réussit. Il faut croire qu'on pourrait mettre n'importe qui sur le terrain, ça marcherait », avoue l'entraîneur à propos de son onze de départ très remanié. « Sur le plan émotionnel, je n'ai jamais vécu ça, expose-t-il en esquissant déjà le bilan, à deux journées du terme. Ici, on a fait exploser la Beaujoire plusieurs fois. C'est des grands malades, mes joueurs. Il y a de la réussite chez nous, on la provoque aussi. C'est une période exceptionnelle qu'on est en train de vivre. Il faut en profiter parce que des saisons comme ça, c'est assez rare. Je suis parfois à admirer mes joueurs, parce que ce qu'ils font c'est monstrueux. Je suis un entraîneur heureux, et surtout, chanceux. » « Ce sont cinq jours de rêve, on profite du moment », ajoute Dennis Appiah.

En coulisses, le FCN se bouge aussi. Dès le lundi 16 mai, soit huit jours après les célébrations de la Coupe de France, une rencontre entre Antoine Kombouaré et son président permet d'entériner le maintien du premier à la tête de l'équipe. Le président n'a pas offert de garanties sportives particulières, il n'a pas proposé de prolongation à son coach. Mais ce dernier a pris le temps, pendant les quelques jours qui ont précédé, de prendre du recul sur la situation. La perspective de piloter le retour en Coupe d'Europe de son club formateur quarante ans après son arrivée sur les bords de Loire en provenance de Nouvelle-Calédonie, la maîtrise de son environnement, l'avis de son épouse, Maëva, très attachée à la région, et de ses deux enfants : tout cela a poussé le Kanak à ne pas tout envoyer balader. L'information est révélée le mercredi par L'Équipe. Elle est confirmée le lendemain par l'intéressé, qui l'annonce à ses joueurs dans le vestiaire le matin, puis en conférence de presse, l'après-midi : « Il y a un challenge fantastique l'année prochaine. Ça va être chaud, dur, compliqué mais c'est un super défi à relever. Et il y a l'idée de diriger le FC Nantes en Ligue Europa. Même si j'étais prêt à tout plaquer, avec de la réflexion, avec mon épouse, ma famille et la discussion que j'ai eue avec le président, je suis prêt. C'est comme dans une famille : parfois on s'engueule un peu, des fois, on ne se parle pas. Mais le plus important, c'est de continuer de travailler et qu'on tire tous dans le même sens. »

Il sait que la teneur du mercato sera essentielle : un an plus tôt, aucune des recrues (Geubbels, Cyprien, etc.) n'a apporté la moindre plus-value. Avec la Ligue Europa en plus, le FCN aura besoin d'une autre consistance. « J'ai déjà défini une liste de joueurs, explique l'entraîneur. Après, je vais juger sur pièces, mais j'ai confiance, c'est pour ça que j'ai décidé de rester [...] Le président m'a assuré qu'il allait investir, qu'il voulait avoir une belle équipe. Il y aura des départs, oui, mais il ne faut pas qu'on ait peur, surtout pas. Il faut faire venir de nouveaux joueurs qui apporteront de la fraîcheur, de l'envie, d'autres motivations. C'est enrichissant, et normalement, si on fait bien ce travail, on peut avoir de belles surprises. »

À Lyon, le samedi suivant, son capitaine Alban Lafont dispute son 200e match de Ligue 1 (102 avec Nantes, 98 avec Toulouse. À 23 ans, 3 mois et 21 jours, il devient le plus jeune gardien à atteindre ce palier depuis la saison 1950-1951. Quentin Merlin, lui, débute pour la première fois au milieu, son poste privilégié en formation. Il marquera un des deux buts canaris au Groupama Stadium, où le FCN s'incline 2-3, confirmant à la fois une certaine usure et sa capacité à s'accrocher même quand les jambes sont esquintées.

La grande fête, elle, est prévue contre Saint-Étienne, pour la dernière journée, avec la perspective d'envoyer le grand rival des années 70 à l'étage du dessous. « Moi, je ne joue pas pour envoyer les gens en Ligue 2, je joue pour gagner les matchs, rappelle l'entraîneur nantais. Si eux doivent se maintenir en venant gagner chez nous, c'est qu'ils auront fait un grand match. Mais nous, on ne fera

pas de cadeau ! Moi, on ne m'a jamais fait de cadeau dans la vie, donc on va jouer le match avec le plus grand sérieux et avec détermination, puis surtout la volonté de gagner pour nous. Après, si notre victoire les envoie en Ligue 2, eh bien… tant pis pour eux, c'est la vie. Nous, l'an dernier, on a failli y aller, en Ligue 2. On a tout fait pour se maintenir, on n'a eu besoin de l'aide de personne. On s'est battus avec nos moyens. »

À l'arrivée, Saint-Étienne obtient un nul qui l'envoie en barrage contre Auxerre, un résultat qui ne permet pas à Nantes d'atteindre les 57 points, le dernier objectif fixé par son entraîneur. La communion avec le public a été belle, touchante, émouvante. Alors Antoine Kombouaré, en costume-cravate pour l'occasion, relativise ce dernier résultat : « Je n'oublie pas qu'on a réalisé une saison au-delà de nos espérances, on bat les records depuis que M. Kita est au club ; c'est le travail des joueurs, leurs qualités, leur investissement, qui ont été mis en avant. Et leur cohésion qui a fait la force de notre équipe, cette année. On voulait gagner pour nous et pour faire plaisir à nos supporters qui nous poussent, qui nous donnent de l'énergie. »

Fin mai, la moyenne du FCN sous Antoine Kombouaré s'établit à 1,49 points par match en Ligue 1 en 53 journées, en comptant les barrages contre Toulouse. L'entraîneur est le deuxième de l'ère Kita sur le plan de résultats, derrière Sergio Conceiçao (1,73 points en 22 matchs), sur une durée qui n'est pas comparable avec le vibrant passage du Portugais sur les bords de Loire. En 2021- 2022, le FC Nantes a engrangé 55 points en Championnat (pour 15 victoires), encore un record sous la présidence du Franco-Polonais, et son attaque a inscrit 55 buts, ce qui n'était plus arrivé depuis le titre de champion de France en 2000-2001 (58 buts). Il a été digne de son immense histoire au moment précis où tout semblait le pousser vers le vide. C'est prodigieux.

Chapitre 10

ANTOINE « Le plus grand moment d'émotion de ma carrière » KOMBOUARÉ

Pour l'occasion, Antoine Kombouaré nous a reçu dans son bureau, et c'est déjà un symbole. Aux temps glorieux du FC Nantes, l'endroit était occupé par Robert Budzynski, une légende locale. C'est ici que le jeune défenseur central, débarqué de Nouvelle-Calédonie sans un sou en poche à la lisière de ses 20 ans, venait parfois quémander auprès du directeur sportif quelques dizaines de francs, pour aller en ville avec ses copains. En gagnant la Coupe de France, le 7 mai dernier, l'entraîneur nantais a en partie ressuscité le souvenir de ce FCN-là, qui était une famille autant qu'un laboratoire de jeu. Il a retissé le lien entre des générations qui s'en étaient éloignées et celle qui n'avait jamais vu Nantes gagner. Il raconte sa Coupe de France, sa quatrième après les trois glanées avec le PSG, deux fois comme joueur, une fois comme coach. La plus belle de toutes.

« Au départ, la coupe, je n'en fais pas un objectif. Je ne pense pas à la finale de la Coupe de France, jamais de la vie. »

« À quoi pensez-vous au coup de sifflet final, le 7 mai 2022 ?

Je me rends compte que c'est exceptionnel. C'est un exploit que, même dans les rêves les plus fous, je n'ai jamais imaginé. Est-ce que c'est un rêve que je suis en train de vivre ? Oui, c'est un rêve éveillé. Alors je pense à mes parents, à mes grands-parents. Je les remercie de m'avoir permis de faire ce parcours. Chez nous, en Nouvelle-Calédonie, il y a le monde visible et le monde invisible, et j'y crois beaucoup. Même si nos parents ou nos grands-parents meurent, ils sont toujours là, ils nous accompagnent, les esprits sont là. Je sais que je suis accompagné par mes anciens, toujours. Quand je vois mon parcours, moi qui suis arrivé à 18 ans de là-bas, je [me considère comme] béni des dieux ! Alors je remercie toujours les gens qui m'accompagnent, je sais qu'ils sont à mes côtés. Je sais que, dans cette victoire, ils ont été là. En même temps je me dis : "Mince, c'est avec Nantes, un club qui était en grande difficulté !" Tu réalises et tu planes en même temps. C'est un sentiment très partagé. Tu vis l'instant présent, tu dis mais ce n'est pas possible, on a réussi un truc de fou avec une équipe qui, moins d'un an avant, avait un pied en Ligue 2.

Cette émotion, on la sentait monter chez vous, pendant toute la semaine qui a précédé.

Ce que je sentais monter c'est : "On est en train de toucher quelque chose d'exceptionnel, et on n'a pas le droit de passer à côté." Parce que cette opportunité ne va se présenter qu'une fois. Ma façon de le transmettre aux joueurs, c'était : "Ce qu'on va vivre là, c'est une semaine fantastique ; mais elle sera exceptionnelle, elle sera unique s'il y a victoire au bout. On ne peut pas passer à côté de ça." C'est vrai que je m'étais mis la pression, j'avais préparé mon staff, et les joueurs. Regardez Randal [Kolo Muani] : "C'est comme ton dernier

match avec nous, ta dernière occasion." Dans sa tête il avait compris ça, il s'était investi. Il se disait : "Je ne peux pas partir de Nantes sans avoir offert un trophée, sans avoir marqué l'histoire du club." Tout le monde était imprégné d'une mission. C'est gravé en nous.

Quand vous arrivez à Sochaux, vous êtes loin d'y penser, non ?

Pour moi, c'est un match qui permet de relancer ceux qui jouent peu. Rolli [Pereira de Sa], Wylan [Cyprien], Willem [Geubbels], Osman [Bukari]. Dans mon esprit, c'est composer une équipe pour donner du temps de jeu, réinstaller un peu de concurrence. C'est un match qui permet de voir si on peut compter sur eux en cas de pépins, en championnat. Car l'objectif reste le maintien. Quand on a vécu ce qu'on a vécu, la coupe est vraiment secondaire.

S'il y a élimination à Sochaux, ce n'est pas un drame ?

On aurait été très déçus mais, personnellement, je n'en fais pas un objectif. Je ne pense pas à la finale de la Coupe de France, jamais de la vie. Je mentirais en disant ça.

Au stade Bonal, Ludovic Blas est capitaine pour la première fois. C'est un choix mûrement réfléchi ?

Je me décide en fin de semaine. Le jeudi, je sais que c'est Rémy [Descamps] qui va jouer dans le but à la place d'Alban [Lafont, l'habituel capitaine], et je commence à chercher. Le vendredi soir, veille de match, j'ai tourné dans tous les sens. Les deux seuls qui peuvent être désignés ce jour-là c'est Andrei [Girotto], que j'avais nommé peu après mon arrivée mais pour qui ça ne s'était pas très bien passé, et Nicolas [Pallois] qui avait déjà été capitaine. Et je me suis dit : on a notre Ludo ! On est toujours sur son dos parce qu'en termes de règles de vie, avec lui, c'est toujours limite, et c'est une façon de l'impliquer, de le responsabiliser. Or plus on lui donnait des responsabilités, plus il les assumait. C'est la dernière chose que je peux faire pour voir ce qu'il a dans la tête, voir si c'est un garçon qui peut répondre mentalement, être costaud pour emmener l'équipe. Je me dis : je fais un pari.

J'avais besoin de lui parler parce que, pour être honnête, Ludo, je l'ai eu à 17 ans à Guingamp, [et] pour moi c'est le genre de garçon qui a du talent, un superbe joueur, mais être capitaine dans une équipe, non ! J'aime bien les joueurs disciplinés, qui travaillent fort à l'entraînement, qui sont exemplaires au niveau de l'attitude. Qui ne sont jamais en retard, très sérieux. C'est des profils qui me plaisent, des exemples peuvent être entraînants. Et Ludo, c'est tout sauf ça. Et je me suis toujours dit : s'il y a un garçon à qui je ne donnerai pas le brassard, c'est lui. Comme quoi, il ne faut jamais dire jamais. Les idées qu'on a c'est une chose, mais quand vous vivez avec les personnes, vous pouvez changer de point de vue, et c'est ce qu'il s'est passé.

Comment lui annoncez-vous ?

Je m'en souviendrai toute ma vie. Je suis dans le vestiaire, je ne lui dis rien [de] toute la journée, alors que je sais que c'est lui. Et là, juste avant de sortir pour l'échauffement, je lui dis : "Ludo voilà, s'il y en a un à qui je n'aurais jamais pensé pour être capitaine, c'est toi, et aujourd'hui je ne sais pas ce [qui me prend], j'ai envie de te donner le brassard, j'ai envie de voir comment tu vas te comporter." Et là, il m'a répondu cash : "Coach, merci, je suis fier de la confiance que vous [m'accordez] et on va aller au Stade de France, on va gagner la Coupe de France !" Je lui ai répondu : "Allez, dégage !" C'est comme ça quand je vois que les mecs commencent à raconter des conneries : "Allez, dégage !" J'ai été [direct] avec lui : "J'ai dû prendre une insolation mais je te donne le brassard." Je l'avais tourné dans ce sens-là pour le piquer un peu. Il est couillu, le garçon.

C'est aussi une belle histoire personnelle, une illustration du chemin parcouru entre Guingamp, où vos relations étaient orageuses, et Nantes. Qui a le plus changé entre vous deux ?

On a fait tous les deux un bout de chemin ensemble. J'ai appris à desserrer un peu la pression, l'exigence que j'avais envers lui. Lui a fait beaucoup d'efforts pour dire : "Coach je suis là, même si des fois je traîne des pieds, si à l'entraînement je ne suis pas toujours [présent], si j'ai des petits trous, je fais des efforts. Pour aller là où vous voulez que j'aille." Il y a le joueur puis il y a le bonhomme. Comme [avec] tous les joueurs. C'est mon management qui veut ça, c'est comme mes enfants. C'est pour ça que je les aime très fort mais que je suis très exigeant avec eux. Très dur. Comme avec mes enfants.

Ce 32e de finale est un match bizarre, non ?

On a des belles situations mais on n'arrive pas à marquer. C'est un peu tendu en fin de match mais sur l'ensemble, on a plus l'impression d'un match amical. Les adversaires s'observent, il n'y a pas de coups, on gère, même au niveau de l'engagement. Finalement, ça va logiquement aux tirs au but.

À l'arrivée, on retient que Rémy Descamps qualifie le FC Nantes.

C'est un garçon orgueilleux, compétiteur, et je suis super content pour lui parce que tout le monde se demande : qu'est-ce qu'il vaut, Rémy ? Et il a marqué des points, il a frappé les esprits. Surtout dans le groupe, dans le vestiaire. Là, les copains se sont dit : "Ouh là là ! [Celui-là], on peut compter sur lui." Ça c'est une fierté quand tu es entraîneur, et je pense à Willy [Grondin, l'entraîneur des gardiens], parce que [quand] tu travailles avec un gamin, tu ne connais pas sa valeur ; là tu le mets dans un match couperet où, s'il se loupe, c'est fini. Or il répond présent. On est très heureux pour lui. On sait que désormais, les copains le regardent différemment, ils ont de l'estime pour lui. Il est des nôtres. Il a fait gagner un match, une prime, parce que c'est ça les joueurs, c'est des professionnels : tu gagnes un peu d'argent en plus en passant au tour suivant.

C'est votre seul match à l'extérieur. Même le 16e contre Vitré est disputé à La Beaujoire, alors qu'il devait se dérouler en Ille-et-Vilaine.

Comme l'a dit Ludo [Blas] : "Coach, après, tu as l'impression que c'est tracé ! Que les planètes s'alignent." Tu joues tous tes matchs à domicile. Normalement, Vitré, si ce n'est pas chez eux, c'est à Rennes ou à Laval. Et tu joues à Nantes, donc là, tu te rends le match facile. Après tu as Brest, encore à domicile. Tu fais un match solide, tu gagnes tout à fait normalement avec deux buts exceptionnels de Ludo, qui porte l'équipe. Ensuite tu as Bastia, encore à domicile. Rien que celui-là, si tu le disputes à Bastia, ce n'est plus le même match.

Face à Bastia, ça y est, le public pousse à fond. Il s'investit dans cette épreuve.

Dans le jeu on a été en difficulté, et là, Rémy [Descamps] fait un grand match et nous permet de garder le score de 1-0 avant qu'on ne mette le deuxième en fin de match par Willem [Geubbels]. Le public pousse, il nous sent en difficulté, et là il est derrière nous, à fond, nous aide à nous qualifier. Mais ce match-là, quand j'ai vu le tirage au sort, j'ai dit aux mecs : "Vraiment, on ne peut plus passer à côté." Derrière, ce n'est pas Monaco – Nantes, c'est Nantes – Monaco !

Surtout que Nantes a deux visages. À l'extérieur ou à domicile, ce n'est plus la même équipe.

On est portés par un public. Chaque fois qu'on a été dans une position difficile à domicile avec un public à fond, on a réussi à renverser les choses. On se sentait en confiance. On savait que dans la difficulté on aurait les ressources grâce à ce public exceptionnel. J'en ai vécu des choses dans ma carrière, mais là, sur une saison, ces grands moments de partage, ces grands moments d'émotion [commune], c'est (soupir)...

Avant Monaco il y a eu, en championnat, le renversement contre Lens, la victoire contre Paris. Des résultats porteurs.

Ça donne [de la] confiance, de l'énergie, de la force, ce sentiment qu'il ne peut rien nous arriver. Que les difficultés, les obstacles, on va passer au-dessus. On n'a peur de rien, on fait bloc ensemble et on renverse tout. Ce sentiment, c'est incroyable.

Et en demi-finale, même en difficulté, l'équipe résiste à tout.

Ce n'est pas qu'on n'a pas tremblé. Mais dans les moments où on aurait pu tomber un peu dans le doute, il y a eu un événement, une situation, qui nous a permis de nous dire : ben non, on est là, on est dedans, et ça va passer ! Quand vous êtes animé par ça, que vous avez toujours l'espoir de renverser, que vous avez la force... Et ça on le voit dans les yeux des garçons, dans les comportements, les attitudes. Sur le banc, tu es tranquille !

Le fait que le PSG ne soit pas en finale décuple la motivation ?

On le sait depuis les quarts et on se dit : on reçoit Monaco à domicile ; quoi qu'il arrive en finale, ce sera jouable. Surtout qu'on savait qu'au Stade de France, avec notre public, on serait, disons... présents. Cette chance est unique pour ce groupe. C'est maintenant.

Il y a deux mois entre la demi-finale et la finale. C'est possible de ne pas penser qu'à ça ?

Il y a ce qu'on dit : "Les gars, il faut jouer le championnat, être présent, on a une chance de disputer la 7e place en Ligue 1."

Et puis, finalement tu as ce confort de te dire : on joue ces matchs de championnat qui préparent la finale. Qui te permettent d'avoir suffisamment d'énergie pour faire une grande finale. Mais il ne faut pas que tes joueurs se blessent, donc tu joues avec le frein à main. Tu as Nico [Pallois] qui s'est fait très peur à Troyes avec son genou, Pedro [Chirivella] qui doit gérer sa pubalgie, Simon qui a aussi un début de pubalgie. On a continué à glaner quelques points, même si on en a perdu quelques-uns en route. À Marseille, Randal [Kolo Muani] ne joue pas, le petit Quentin [Merlin] non plus, j'enlève Simon et Ludo [Blas] à la mi-temps. À Lens on mène 2-0, on gère et on fait nul. Mais l'idée c'était de préparer la finale, que tout le monde soit en ordre de marche. Que les titulaires soient là, qu'on soit au complet, et c'est ce qu'on a réussi à faire.

Y compris Lafont. Ça a été la décision la plus dure, d'annoncer à Rémy Descamps qu'il ne disputerait pas la finale après avois joué les cinq précédents matchs de coupe ?

Non. Ce qui a fait basculer ma décision, c'est la demi-finale. Jeune, j'étais gardien et j'ai toujours travaillé quand je pouvais physiquement le faire, dans les situations spécifiques gardien ; j'aime ce poste. C'est un poste que je comprends. J'ai été gardien jusqu'à 13-14 ans. Sur le match de Monaco, sur les deux buts, Rémy peut faire beaucoup mieux. Alors les copains peuvent aussi faire beaucoup mieux, mais à ce moment-là ma décision est prise. Donc je laisse passer les deux mois, et ce n'est pas difficile parce que pour moi, la finale, ce sont les meilleurs qui la jouent. Si Alban n'était pas dans une forme internationale, je peux me poser la question. Mais j'ai mis mon équipe type, et c'est Alban, donc pour moi ce n'est pas un souci d'aller voir Rémy pour [le] lui annoncer, c'est mon travail. Après, il faut trouver les bons mots, lui faire comprendre que ce n'est pas une sanction, pas une décision contre lui. C'est toujours dans l'idée d'avoir la meilleure équipe, celle qui va nous donner toutes les chances de gagner.

Cette fois vous l'annoncez dès le lundi aux joueurs, vous n'attendez pas le jour du match.

Parce que c'est une décision importante. Vous, les journalistes, vous en parlez, les gens en parlent, je le sens, je l'entends, je sais que ça peut arriver aux oreilles des joueurs. Ce sont aussi des discussions que les joueurs peuvent avoir entre eux. Mon travail, c'est le timing. Si je laisse pourrir cette situation, ça [implique] que, pendant la semaine, les joueurs vont se poser des questions, que les mises en place peuvent être un peu plus compliquées. Alors je sais que cette semaine-là, la première personne que je vois – et même Willy [Grondin], l'entraîneur des gardiens, n'est pas au courant, parce que c'est une décision que je prends tout seul et que j'assumerai tout seul –, c'est Rémy : "Voilà Rémy, j'ai pris la décision. Que tu ne sois pas content, c'est normal, que tu sois en colère, c'est normal, mais c'est moi le patron, moi l'entraîneur, et je prends cette décision. Maintenant, je vais te demander de réfléchir un jour, deux jours, et de me dire si tu es capable d'être sur le terrain comme no 2. Si tu ne peux pas, je comprends, pas de souci, tu regarderas de la tribune. Après on travaille, on a une finale à préparer."

Le moment le plus fort de ce parcours, c'est lequel ?

Le coup de sifflet final.

Plus l'envahissement de La Beaujoire après la demi-finale ?

Le coup de sifflet final, parce que c'est le moment où l'arbitre dit : c'est fini. C'est libérateur. Ça y est, plus personne ne peut vous enlever la coupe de France, elle est à vous. Elle vous appartient. Il peut se passer tout ce qu'on veut, on a gagné. À la 89e minute, quand tu mènes 1-0, il peut se passer un truc : l'arbitre arrête le match parce qu'il y a une coupure de courant, etc. [Mais] là, elle est à toi. C'est un sentiment exceptionnel. Je pense que j'ai eu les larmes. C'est une émotion tellement forte, c'est tellement grand, tellement inimaginable.

Parce que c'est la quatrième pour vous, parce que c'est Nantes ?

Celle-là est au-dessus, sans faire injure aux autres. C'est encore plus fort parce que c'est Nantes, parce que c'est mon club de cœur, parce que j'y ai été formé. Je dois énormément à ce club qui m'a fait devenir professionnel, qui m'a appris ce métier. Et en même temps, c'est Nantes en souffrance. Si tu es avec Nantes qui gagne des trophées tous les ans, qui joue la Coupe d'Europe tous les ans comme à l'époque, bon ben, c'est normal. Un peu comme le PSG aujourd'hui. Mais là, tu as failli crever avec ce club et tu te retrouves là à vivre des moments de bonheur insensés. Après, il y a ce partage avec le public. À mon époque de joueur, on n'a jamais vécu ça. En revenant comme entraîneur, j'ai dit : "Mais c'est quoi ce public ?" Un public de fous, de malades. À Nantes, les supporters c'est des dingues, et tu ne peux pas rester insensible à ça. Parce que ce n'est pas normal ce qu'on est en train de vivre, là, avec le public. Ce qu'ils sont en train de te donner, c'est unique. Moi qui avais vécu ici, à Nantes, je l'ai dit à mes joueurs. Tout ça fait que c'est la plus belle Coupe de France que j'ai vécue, le plus grand moment d'émotion de ma carrière dans le foot. Parce que tout ça est réuni. Je pense forcément à mes entraîneurs, les Coco [Suaudeau], Raynald [Denoueix], à Robert [Budzynski, l'ancien directeur sportif], les anciens, dont certains sont en difficulté en ce moment en plus. Si ça peut leur donner un petit rayon de soleil, à tous mes anciens copains qui n'aimaient plus Nantes. Parce que c'est ça aussi. Cette génération, là, Nantes ça ne [leur] parlait plus. Parce que ce n'est plus le Nantes qu'ils ont aimé, qu'ils ont vu grandir. Alors on pense à eux, voilà ! C'est aussi une victoire dédiée à tous nos anciens joueurs qui ont porté les couleurs du FC Nantes avec moi. C'est un peu leur victoire aussi, c'est eux qui m'ont fait découvrir le monde pro. Les Maxime Bossis, Loïc Amisse, José Touré, Fabrice Picot, Michel

Bibard, les Jean-Jacques Eydelie, Marcel Desailly, Didier Deschamps, Christophe Robert, Michel Der Zakarian, même Vahid Halilhodzic. Et puis les jeunes, Pierre Morice, Michel Furic, Patrick Delanoë, Laurent Obry, je pense à eux et à tous ceux que j'oublie de citer. Ils m'ont accompagné quand j'étais jeune, on a formé cette culture nantaise et j'ai cette pensée pour eux quand on gagne. Je suis là, mais merci à eux. On ne gagne jamais tout seul. Le parcours que j'ai eu, c'est parce que ces gens m'ont accompagné. C'est vachement important.

Combien de temps a-t-il fallu pour descendre du nuage ?

On a fait fort ! On joue le samedi, dimanche fête, lundi fête, mardi on a fait juste une espèce de décrassage, et le mercredi on joue sur l'euphorie, avec l'adrénaline, et on bat Rennes !

C'est le symbole Nicolas Pallois qui marque.

Il ne faut pas dire ça, mais c'est vrai que tu te dis : il n'y a rien qui [puisse] nous arriver ; tu mets n'importe qui devant nous, tu as le sentiment que tu es invincible, c'est un sentiment impressionnant, tu planes, tu flottes, il ne peut rien nous arriver [sic]. Rennes joue la qualification en Ligue des champions, on prend le bouillon en début de match. Avant ça grondait un peu, les gens voulaient qu'on fasse la présentation de la Coupe de France avant ce match, et en même temps, [qu'on] batte Rennes. Mais on n'est pas des surhommes : si on fête la coupe, on peut se trouver contre Rennes. Donc j'ai décidé : "Si vous voulez qu'on gagne, on reporte la fête pour le dernier match", et ça a été un vrai hommage, un vrai moment de partage. On a pris le temps. Là, c'est quand même un derby. Mais à ce moment-là, on prenait les bonnes décisions et les dieux du foot étaient avec nous. Des moments comme ça, où tout te sourit, il parait que ça n'arrive qu'une fois dans une vie. »

FC NANTES
THE NORTH FACE

Chapitre 11

LA GRANDE ODYSSÉE d'Antoine Kombouaré

L'émotion qui a submergé Antoine Kombouaré le 7 mai 2022, un peu avant 23 heures, venait de loin. Et si l'important, dans un voyage, est le chemin autant que la destination, la vie du Kanak aura tourné autour de deux pôles : la Nouvelle-Calédonie et Nantes. Il a quitté pour la première fois son île natale à 20 ans tout juste. C'était pour rejoindre le FCN et la grande aventure. On imagine mal, dans notre société mondialisée, ce que pouvait représenter le passage du « caillou » à la métropole, de l'autre côté du globe, au début des années 80. Le 17 janvier 1984, quand il débarque pour la première fois à la Jonelière, le gamin atterrit sur une nouvelle planète. « Le début, ça va être difficile, j'ai le trac pour le froid surtout [sic] », déclare le jeune défenseur central avant de s'envoler. Ses parents, eux, sont bien plus inquiets. « On ne te reverra plus jamais », lui glisse son papa, au milieu des larmes qui accompagnent son envol vers Nantes. L'Europe, vue de là-bas, est un territoire de fantasmes. La guerre y rôderait partout, les dangers de la modernité y sont inimaginables. La communication reste d'abord épistolaire, le téléphone (filaire) un luxe. Les quelques fois où Antoine Kombouaré arrive à gratter quelques dizaines de francs au directeur sportif, Robert Budzynski, c'est pour aller faire un tour en ville avec les copains plus que pour joindre ses parents dans une zone reculée de l'île, surtout à 25 francs la minute.

Et, lorsqu'il se présente devant Jean-Claude Suaudeau et Raynald Denoueix, dans le cabanon qui fait alors office de bureau pour un trio complété par Zaetta, le futur défenseur central a encore un sacré chemin à parcourir, comme joueur. « Quand il s'est présenté à moi, j'ai vu un garçon trop fort, a expliqué dans le quotidien L'Équipe celui qui entraînait alors les pros du FCN. Attention, hein, pas fort dans le jeu, mais trop fort, disons trop gros. Mais à l'époque, cela ne lui a pas posé de problèmes car il était également très discipliné et très concerné par son futur métier de footballeur. »

« J'avais 19 ans, j'étais à l'essai et on m'a proposé de prolonger mon stage de cinq mois », résume celui qui avait été aiguillé vers Nantes par Guy Elmour, alors entraîneur de la sélection calédonienne et ami de Marcel Mao, le papa de l'actuel coordinateur sportif du club, conseiller technique régional de la Ligue Atlantique de 1980 à 1993. Comme Christian Karembeu après lui, il a d'abord été retoqué par Jean-Claude Suaudeau. « Il s'entraînait avec moi [en équipe B], se souvient Raynald Denoueix, il n'avait pas le droit de jouer avant la saison suivante. Il avait toujours ses 3-4 kilos en trop quand, un jour, Coco le prend pour un match amical et le fait jouer au milieu, en plus ! Forcément, après, il me dit, comme il m'a dit pour plein de gars qui déboulaient, avec Christian et avec pas mal d'autres : "Celui-là, tu peux le renvoyer chez lui." Avec Coco, c'était vite jugé, vite emballé. Je lui dis : "Coco, on va attendre." Il a joué en réserve et il est monté, forcément, avec les pros. Il n'y a rien à faire, la principale qualité d'un joueur, c'est l'intelligence de jeu, et lui, il l'avait. Et il avait aussi cette faculté à s'adapter, savoir se faire adopter. C'était un gars qui savait vivre avec les autres. »

Il trouve à Nantes son « premier port d'attache. Une ville qui m'a permis d'apprendre mon métier de footballeur professionnel. Les fondamentaux. Ce qu'est la discipline. La rigueur, l'assiduité au travail ou l'esprit collectif, la concurrence et la compétition. Nantes m'a fait découvrir le haut niveau avec deux entraîneurs exceptionnels : Jean-Claude Suaudeau et Raynald Denoueix. »

Le contrat stagiaire lui offre une aisance toute relative. L'été suivant, en attendant de pouvoir emménager avec Maeva et son fils, qui arrivent alors au Mans, où ils sont hébergés dans de la famille proche, Antoine Kombouaré partage un logement avec Arnaud Sabonnadière, un jeune gardien débarqué de Grenoble après l'obtention de son bac C et Krysztof Frankowski, un international polonais qui s'est soustrait au bloc de l'Est, enrôlé à Nantes via un mariage blanc. « On est arrivés en même temps et nous étions un peu dans la même situation, nous parlions tous les deux beaucoup de notre "pays", nous avions la nostalgie, se souvient Frankowski, dit "Polo". Antoine est humainement très avenant, il était patient avec moi, il m'a beaucoup aidé dans mon apprentissage du français. Il était très zen, observait, ne s'énervait jamais. C'est pour ça qu'il est devenu un très bon entraîneur : il sait transmettre. Il est bosseur aussi. Il voulait montrer qu'il n'était pas venu d'aussi loin pour ne pas y arriver. »

En quelques semaines, il perdra les dix kilos arrivés en supplément de bagages, suscitant l'admiration d'Arnaud Sabonnadière : « On avait tous des parcours particuliers et on avait bien sympathisé. On a trouvé cette maison à La Chapelle-sur-Erdre. C'était un peu bohème, on avait chacun notre chambre, on n'avait pas vraiment aménagé le salon et quand on s'engueulait un peu, c'était au sujet des courses, comme dans une colocation d'étudiants. L'hiver, on faisait des économies, on ne chauffait pas trop le rez-de-chaussée et on dormait ensemble à l'étage. Il avait une vraie capacité d'empathie, une façon de voir la vie avec distance. Même s'il n'a pas vécu que des moments simples au début, ça ne s'est pas vu. Après les matchs, Antoine filait souvent au Mans, dans sa belle-famille. »

Il commence à s'installer en pros, où ses qualités de footballeur s'affirment, son aisance à se fondre dans un collectif aussi. « Il disait toujours la même chose : "À l'aise", se souvient Raynald Denoueix. Et il l'était, ce qui me surprenait pour un garçon passé en si peu de temps du monde amateur au monde professionnel. Il était bien dans sa tête, tranquille, conscient qu'il avait beaucoup de choses à apprendre. »

Christian Karembeu défie le PSG de Laurent Fournier..

C'est cette personnalité affable qui a marqué l'entraîneur champion de France en 2001. « Contrairement à Victor Zéoula, un jeune Kanak arrivé quelques mois plus tard en Loire-Atlantique, un dribbleur exceptionnel, comme j'ai rarement vu, Antoine possédait cette capacité à s'adapter. Pas Victor, qui avait été élevé selon la coutume et qui n'osait pas lever les yeux quand je le croisais. Dès son premier jour, quand il vient se présenter à nous, on commence à parler avec Antoine, grand sourire. Il était vraiment heureux, bien. La plupart des gars, quand ils arrivent, ne sont pas forcément relâchés. Et lui, qui arrivait de l'autre bout de la terre, il était d'une tranquillité incroyable. Tu le sentais à l'aise, comme il disait. » « C'était surtout un garçon cool qui ne posait jamais de problèmes », rappelle Maxime Bossis. « Il faisait toujours passer sa forte personnalité, parfois ses colères, après le collectif », ajoute Bruno Baronchelli. Dans le Nantes d'alors, Kombouaré est entouré de grands joueurs, de Maxime Bossis à Vahid Halilhodzic en passant par Loïc Amisse ou Yvon Le Roux. Au départ, ses aptitudes impressionnent dans la fameuse « fosse ». « Un petit terrain de basket entre quatre murs avec de hauts grillages. Il fallait jouer et voir vite, se souvient Maxime Bossis. Il était impressionnant. Possédait une détente énorme et n'hésitait pas dans les moments chauds. »

« Parfois, dans la fosse, c'était la bagarre, ajoute Raynald Denoueix. Il y avait beaucoup d'engagement et Antoine ne se démontait pas. Ses reprises de volée m'avaient également marqué. »

Suaudeau, lui, a retenu une certaine fluidité. « Il avait toutes les caractéristiques du défenseur moderne, même si ce n'était pas vraiment un garçon capable de remonter le ballon. Mais il sentait bien les coups. Techniquement, au ralenti, Antoine était pas mal. Mais dès que ça accélérait un petit peu, ce n'était pas trop ça... Mieux que Christian [Karembeu] quand même, mais ce n'était pas la panacée. Mais quand ils ont été bien prêts, l'un comme l'autre, c'étaient des félins. C'est le terme qui me plaît le plus, parce qu'ils jaillissaient. Antoine n'était pas très rapide mais il avait une promptitude de geste, une amplitude aussi, [tant dans] les bras que les jambes... Puis alors il était élastique ! Il montait très haut. C'était aussi le roi du tacle. C'est le plus beau tacleur que j'aie vu. Ce n'était pas, techniquement, quelque chose qui me passionnait. À l'entraînement, j'éliminais tous les tacles. Mais Antoine faisait des tacles comme ça, de l'extérieur, pohh ! En fait, il emmenait le monde avec lui. »

À partir de 1986, il devient à son tour un guide. Sur le terrain pour Didier Deschamps ou Marcel Desailly. Dans la vie tout court pour Christian Karembeu, le « petit frangin » débarqué en 1988.

« À Nouméa déjà, j'étais un chef de clan, explique-t-il. Celui qui guide la famille.

Joueur à Nantes, je plaçais ma défense et j'essayais de montrer la voie. »

« Je sortais de chez moi et il m'a offert ce cocon familial à 17 ans, a témoigné Christian Karembeu en septembre, à l'occasion de l'affrontement entre le FC Nantes et Olympiakos, dont il est le conseiller sportif. C'était la case, comme on dit chez nous. Je m'y suis réfugié et j'ai pris racine. Ils m'ont accueilli avec Maeva (l'épouse d'Antoine Kombouaré) comme un petit de la famille. J'ai vu grandir les enfants, il m'a initié au golf (rire). J'avais une idole face à moi. Il a mis la barre haute. » Et agi en véritable tuteur du futur champion du monde 1998. « Chaque fois qu'il y avait un petit incident me concernant, le club l'appelait : "Christian a fait ceci ou cela." Un jour, il m'a dit : "C'est terminé, tu ne peux plus être en retard", et il m'a offert ma première montre. Je me levais et me couchais en fonction du soleil, en Nouvelle-Calédonie. Antoine est comme mon grand frère, il m'a donné les bons conseils, mais en même temps, il me montrait la voie par des actes. Lui a su s'élever dans un milieu difficile. Il m'a inspiré. »

Le lien s'est maintenu après son départ de quelques semaines à Toulon, en 1990, avant l'arrivée au Paris-SG. « Les racines de Nouméa, on les a replantées ici, résume l'entraîneur du FCN. J'ai toujours gardé ce lien avec Nantes ; je n'ai jamais quitté Nantes et la côte. »

Entre son départ, en 1990, et sa nomination comme successeur de Raymond Domenech, le 11 février 2021, Antoine Kombouaré n'a pourtant pas remis les pieds à la Jonelière, devenue centre sportif José-Arribas. Avant d'accepter la proposition du président, il avait d'ailleurs deux fois décliné les offres de Waldemar Kita, parfois en omettant d'y mettre les formes. Il a fini par céder, comme on consentirait à boucler la boucle. « Ce retour à Nantes comme entraîneur, on l'avait évoqué avec lui, on l'avait souhaité et un peu rêvé, reconnaîtra son fils Yann, toujours dans L'Équipe. Tout ce qu'il lui est arrivé dans sa vie professionnelle, c'est grâce à ce club et en particulier à Coco Suaudeau. Il a toujours été sa référence. Quand on parle de lui ou de Raynald Denoueix, il a des étoiles plein les yeux. »

« C'est au-delà de la relation d'entraîneur, reconnaît l'intéressé. Mes parents m'avaient dit : "OK, tu pars là-bas, mais tu montres du respect aux gens, tu fais honneur à notre éducation." Il [Jean-Claude Suaudeau] m'a éduqué au football pendant sept ans, mais c'est encore plus fort depuis que j'ai quitté Nantes comme joueur. C'est mon père de substitution. »

Un parfait résumé de son existence sportive, puisqu'il vit au quotidien au bord de l'eau, comme dans sa jeunesse de l'autre côté du globe : l'Erdre dans la journée et l'Atlantique le soir, quand il rentre chez lui à Saint-Brévin-les-Pins, la résidence secondaire devenue domicile fixe. « À un moment, quand on n'y venait qu'une fois par an, j'ai pensé à m'en séparer : les enfants m'ont sauté à la gorge », rigole-t-il. « C'est un endroit simple, humble, tranquille, qui nous correspond bien, confirme son fils. Saint-Brévin, c'est le calme, la nature, on sort et on est au milieu des pins. On s'y ressource. Pour nous, c'est le plus bel endroit de la terre. »

« Voir la mer le soir quand je rentre, prendre le pont de Saint-Nazaire, regarder les paquebots en construction, c'est une bouffée d'oxygène, un bonheur simple que j'aime. Ça me permet de garder les pieds sur terre. Ma femme me l'a annoncé : la retraite, ce sera ici. »

C'est à tout cela qu'il pensait au moment d'emmener le FCN au Stade de France, les larmes aux coins des yeux dès le lundi précédant l'affrontement face à Nice. « Se retrouver avec mon club de cœur en finale, c'est quelque chose de très fort. Ça remue, ça donne beaucoup de responsabilités, d'envie. Je n'ai pas de meilleur moyen pour remercier ce club et les gens qui m'ont accueilli gamin ici, et qui m'ont permis de devenir ce que je suis aujourd'hui. J'y pense tous les jours. »

Quelques minutes après l'acquisition de la quatrième Coupe de France, il fera évidemment référence à tout ça, à cette reconnaissance éternelle pour une institution jaune et verte qui a bouleversé son destin. « Christian Karembeu m'a dit que ça y est, nous les gars du Pacifique, on a payé notre dette envers le club. » « Sa dette, parce que c'est le club qui l'a fait venir, rappellera le lendemain dans

Jean-Claude Suaudeau à La Beaujoire, l'émotion intacte…

Ouest-France Michel Denisot, son président quand il évoluait au Paris-SG, dans l'ombre de la charnière Alain Roche – Ricardo. C'est donc une réaction très noble parce qu'aujourd'hui, nombreux sont ceux qui oublient comment ça a commencé. Lui, il s'en souvient. C'est à la fois naturel, normal mais aussi exemplaire dans le monde d'aujourd'hui. »

Après le succès contre Nice, l'homme de télévision complimentera mieux que personne [celui] qui a ramené Nantes vers l'admiration des foules : « Il représente le sport dans toute sa noblesse. C'est un modèle pour tous ceux qui veulent faire du sport de haut niveau. Il embellit ce qu'il fait par le travail. Il dit qu'il aurait donné toutes ses victoires contre celle-là, sans parler de donner tout son palmarès ; je peux le comprendre, parce que cette victoire en Coupe de France avec le FC Nantes est la récompense de tout ça. Une magnifique reconnaissance. »

Le 7 mai 2022, Kombouaré aura été un catalyseur d'une énergie folle. Cela fait de lui le plus grand à avoir officié à Nantes depuis Raynald Denoueix et un digne héritier de Jean-Claude Suaudeau. Il est arrivé là où il n'osait rêver d'être. Incarnation d'une aventure humaine, il a gagné le droit de figurer dans la lignée de ses aînés. Il est le prolongement de la sainte trinité Arribas – Suaudeau – Denoueix. Pour toujours.

FC NANTES
FFF

Chapitre 12

LE CINQ MAJEUR *de la coupe*

L'épopée en Coupe de France a mis en valeur quelques joueurs qui ont eu une influence particulière sur le parcours canari dans l'épreuve.

À tour de Blas

Transformé par Antoine Kombouaré, responsabilisé par le brassard, le meneur de jeu a été le grand homme de cette Coupe de France.

« Ce brassard a provoqué quelque chose en moi. J'ai besoin de me sentir important et voir que mes équipiers, le coach et le staff ont confiance en moi. » Le 18 décembre 2021, quand Antoine Kombouaré annonce à Ludovic Blas, quelques minutes avant le 32e de finale à Sochaux, qu'il sera son capitaine en Coupe de France, le milieu offensif entre dans une nouvelle dimension. Cela fait quelques mois, déjà, que l'ancien international Espoirs s'est transformé sous les ordres d'un technicien avec qui il avait eu tant de mal à se faire comprendre, à Guingamp, de 2016 à 2018. « J'étais jeune et fou, résumera-t-il sur RMC. Je sortais de l'Euro [U 19], je voulais jouer. Et il me faisait peu jouer alors que j'étais en confiance. Du coup, je me suis braqué et je faisais la tête. Le coach l'avait remarqué et faisait exprès de me lancer des piques sans cesse. Après on s'était fricotés lui et moi. Et puis, il a fini par m'envoyer en tribune. J'allais au match, je dormais à l'hôtel et direction les tribunes. Ensuite, il est parti de Guingamp et moi je suis allé à Nantes. Mais [encore plus tard], il est venu à Nantes est je me suis dit : aïe, aïe, aïe, je suis fichu ! Mais c'est à ce moment-là que j'ai vu que ce n'était plus du tout la même personne. Et moi aussi j'a[vais] grandi, j'accepte plus de choses. Il sait comment j'étais, il a vu le mauvais côté de Ludo. » En 2001-2002, Blas a disputé 40 matchs en tout, pour 14 buts et 5 passes décisives. Pas mal pour un joueur qui lâche, comme un cri du cœur dans l'auditorium du Stade de France, la veille de la finale : "C'est le foot d'aujourd'hui : stats, stats, stats... Franchement, je n'en ai rien à cirer des stats !". » Buteur pour la première d'Antoine Kombouaré à Angers, le 14 février 2021, il a pris de l'ampleur, ne déploie plus sa qualité technique par intermittence, comme avant. Il est devenu régulier et décisif, a développé son influence dans le jeu : quand les défenseurs récupèrent le ballon, c'est Pedro Chirivella ou lui qui est le destinataire privilégié de la première relance. Ensuite il gère. Soit il fait monter le bloc dos au but, soit il trouve les relais – Moses Simon ou Randal Kolo Muani – devant. « Dans ma façon de jouer, j'étais suffisant, je savais que j'avais des qualités et ça me suffisait, raconte-t-il dans L'Équipe à propos de l'ancien Blas. Il y a encore des moments où je ne suis pas à mon top niveau. Les efforts à répétition, je sais que j'ai le coffre pour les faire, mais je ne les faisais pas tout le temps. Si la balle n'arrivait pas, je me disais : ah, j'y suis allé pour rien ! Et le coup suivant, la balle arrivait et je n'y étais pas. » La Coupe de France devient « sa » compétition. Il y marque cinq fois en six tours, bat Brest à lui tout seul sur deux coups d'éclat en 8e de finale (2-0) et inscrit le but du sacre à Saint-Denis, sur penalty. « Quand je suis arrivé ici, c'était pour entrer dans l'histoire du FC Nantes. Je ne savais pas comment j'allais faire mais j'ai trouvé la solution, dira-t-il en fin de saison. Collectivement, je ne me suis pas trompé sur ce groupe-là. J'ai toujours dit qu'il était exceptionnel, en termes de qualité et de mentalité. Ça ne s'est pas vu l'an dernier mais cette saison, on l'a démontré à plusieurs reprises. Et une énorme fierté d'entrer dans l'histoire du FC Nantes. C'est un grand club et écrire son nom sur cette liste-là, ce n'est que du bonheur. C'est incroyable.

Individuellement, je pense que c'est ma meilleure saison. J'ai encore franchi un palier. »

Kolo Muani a réussi sa sortie

L'avant-centre a gagné un trophée avec son club formateur avant de partir, libre, à Francfort. Il a bouclé la boucle à Saint-Denis, à vingt kilomètres de la ville de son enfance.

Le lundi précédant la finale, Randal Kolo Muani avait lancé, bravache : « La pression ? Je ne sais pas ce que c'est ! » L'avant-centre avait un peu menti. Si les événements semblent généralement glisser sur lui, celui-là n'était quand même pas tout à fait comme les autres. Le 7 mai 2022 il revenait chez lui, en Seine-Saint-Denis. Le Stade de France se situe à 20 kilomètres à vol d'oiseau du citystade de Villepinte où il a usé ses premiers shorts. Et pourtant c'est une découverte pour lui, qui n'avait jamais fait que passer au pied de la mythique enceinte, lorsqu'il allait retrouver ses proches autour du pavillon familial, le temps d'une journée ou d'un week-end. Il connait la portée du quitte ou double qui l'attend.

Dans l'entretien qu'il nous a accordé fin avril, lorsque nous lui avons demandé quel souvenir il voudrait laisser aux supporters nantais, il a répondu : « Que j'ai tout donné pour ce club. Que Randal Kolo Muani était très sympa, sur le terrain et en dehors. » Quelques jours plus tôt, son président l'a encore égratigné, sur RMC : « Ses parents ne sont pas corrects », « il ne sait même pas dire merci », a lâché Waldemar Kita, vexé de voir partir un tel élément à Francfort sans la moindre indemnité de transfert, puisque « RKM » arrivait en fin de contrat. La réaction de l'intéressé est un modèle de distanciation sociale. « Mon frère m'a dit : "Tu as vu, il a dit ça et tout..." Je lui ai dit : "Oui, mais pourquoi tu calcules ? Tu vas te fatiguer." Moi, franchement, ça ne m'intéresse pas [...] Mais moi, je lui dis merci pour ce que le club a fait pour moi [...] J'aurais aimé partir autrement. Quand je n'avais vraiment rien, c'est Nantes qui m'a ouvert la porte et [m'a] tout donné. Après, c'est la vie. Si on ne s'est pas entendus, tant pis ! Il y aura eu un bout de chemin ensemble. »

Évidemment, l'avant-centre rêve d'adieux radieux. Pendant la finale, il est l'élément offensif qui réussit le plus de différences après avoir, déjà, pesé lourd lors du tour précédent, face à Monaco. Ses accélérations supersoniques, son jeu délié, sa connexion au collectif : il étale l'ensemble de sa panoplie au Stade de France. Sans marquer ni offrir de passe décisive, il obtient 8 dans L'Équipe, récompense de la qualité de ses interventions. Comme cette échappée sur le côté droit, au coup d'envoi de la seconde période, qui déclenche l'action du penalty. Après la rencontre, il demeure intenable, survolté. Certainement libéré. « Finir sur cette note, c'est vraiment magique et ça fait plaisir de gagner un trophée avec son club formateur. Ça fait deux mois et demi qu'on pense à cette finale et ceux qui vous disent le contraire vous ont menti. Ça restera gravé à vie. Je pourrai partir en paix. Je suis content de la donner aux supporters. On est vraiment une famille. Quand j'en rêvais, je marquais. Mais on l'a gagnée. Ça me suffit. »

Pendant ses deux saisons avec les pros, il n'a jamais succombé au poison de la vengeance. Après l'avoir agrippé à presque 17 ans sous le nez du Stade Rennais, le FCN n'a pas toujours choyé l'attaquant, envoyé en prêt en National au début de la saison 2018-2019 et tout près de retourner sur la côte d'Opale l'été suivant. Laissé de côté par Vahid Halilhodzic, Randal Kolo Muani a longtemps traîné avec lui un dilettantisme, une nonchalance que même ses proches combattent au quotidien. Il aurait pu allonger la liste de ces talents maison victimes de la barrière entre le centre de formation et les pros, présente quel que soit le technicien à la tête de ces derniers, à quelques exceptions près. Mais il était trop fort, Nantes avait trop besoin de lui et la saison de toutes les turbulences (quatre entraîneurs différents, en 2020-2021) est celle de l'éclosion.

Alors qu'il savait depuis janvier 2022 que son avenir se dessinait loin de la Jonelière, il a maintenu son implication, et il est parti un trophée sous le bras. À Francfort, il a découvert cet été, à 23 ans, la Ligue des champions. Et laissé le FCN à cette certitude, assénée par Antoine Kombouaré : « On a une chance fantastique d'avoir un tel joueur. On ne retrouvera pas beaucoup d'autres attaquants comme lui. »

Descamps, gardien sans but final

Le numéro 2 d'Alban Lafont a disputé tous les matchs de Coupe de France, sauf le dernier acte contre Nice.

De l'ombre à la lumière et, à nouveau, l'ombre. Avec la Coupe de France 2022, Rémy Descamps a vécu un condensé de la vie de doublure. L'immense gardien numéro 2 du FC Nantes, arrivé de Charleroi en début de saison 2021-2022 pour booster la concurrence derrière Alban Lafont, constitue la grande surprise au coup d'envoi du 32e de finale, le 18 décembre au stade Bonal. Cette première titularisation constitue le fait saillant de ce match de fin d'après-midi sans étincelle. Très vite, c'est sa prestation qui occupe les esprits. Il est très peu sollicité au cours de ces débats sans flamme mais expose, tout de même, une certaine aisance dans le jeu au pied. Jusqu'à cette boulette de la 23e minute qui aurait pu couper court à son intérim et au reste de l'histoire : sorti loin de son but, il tente une remise en une touche vers un partenaire, rate son geste technique et envoie le ballon directement sur Yann Kitala. Heureusement pour lui, le Sochalien n'arrive pas à s'orienter correctement pour balancer un long lob vers le but vide. Rémy Descamps ne sera pas le coupable d'une élimination prématurée. Mieux, le nouveau règlement de l'épreuve lui offre une séance de tirs au but pour se mettre en valeur sans passer par la case prolongation. Il en sera le héros. Il stoppe l'ultime tentative doubienne, signée Christophe Diedhiou, devant le kop local, sa prestation dans l'exercice est la seule information notable d'une rencontre mièvre. « La veille, on a travaillé les tirs au but, mais il y avait beaucoup de jeunes en face, donc j'étais un peu dans le flou, expliquera-t-il. Pour choisir de quel côté je vais plonger, je fais en fonction du poste de l'adversaire qui se présente. Là, je savais que c'était un défenseur central, un gaucher, et un gaucher ça croise souvent. » Il a appris sa titularisation quelques heures avant le coup d'envoi, comme ce sera le cas jusqu'en demi-finale : « Je ne t'ai jamais vu jouer avec nous, je te donne ta chance, lui aurait dit son entraîneur. À toi de faire le taf, fais-toi plaisir. »

Au fil des tours, les supporters nantais découvrent ce no 2 discret mais décidé, à l'image de son parcours qui l'a emmené du LOSC jusqu'au FCN en passant par un centre de formation de gardiens dans les Pyrénées, Clermont-Ferrand, le Paris-SG puis la Belgique. « Je pense être un gardien moderne, bon jeu au pied, qui joue assez haut de base, de grande taille [1,94 m], qui va vite au sol, aussi, nous explique-t-il à une semaine de la finale. J'ai aussi [un score à faire] progresser, j'en suis conscient. Je travaille tous les jours pour upgrader mon niveau. »

Il n'aura plus de véritable arrêt à effectuer jusqu'à son quart de finale convaincant face à Bastia (2-0). Mais en demi-finale son attentisme sur les deux buts monégasques plombe son bilan dans le jeu. La séance de tirs au but le propulse pourtant au rang de héros du soir (deux arrêts). Cette qualification constitue le point culminant de sa carrière, reconnaît-il à quelques jours du Stade de France : « Oui, pour le moment, oui. L'envahissement de terrain, c'était quelque chose de grand, de fort. J'ai d'abord célébré avec mes coéquipiers et après j'ai vu la masse de gens. Non, je n'ai rien vu arriver. On ne peut pas trop prévoir ce genre de choses. Je ne saurais même pas dire combien de temps ça a duré, il y a le dernier tir au but, Simon est arrivé, l'équipe est arrivée. D'un coup je ne reconnais plus personne, il y a tous ces gens. »

Un moment exceptionnel et en même temps pas si étonnant pour cet élément débarqué après les turbulences de la saison précédente : « Quand je suis arrivé, j'ai trouvé que le groupe vivait très bien, il y avait une bonne ambiance, une cohésion. Le groupe n'avait pourtant pas beaucoup changé, et ça m'a étonné, vu les résultats de la saison passée. Ils ont réussi à se sortir de là par la grande porte. » Quelques heures après cet entretien, il apprendra qu'il ne disputera pas la finale d'une Coupe de France qui a longtemps été son terrain de jeu.

Pallois, un sanguin qui ne lâche rien

Le défenseur central, grand ami d'Emiliano Sala et plus ancien joueur de l'effectif, est devenu le symbole du FCN. Il a réussi une finale immense, à l'image de sa saison.

Avec son crâne parfaitement lisse, son

short relevé sur les cuisses et sa façon de courir en balançant les épaules, Nicolas Pallois promène une silhouette qui ne suscite pas l'équivoque. Le stade de la Beaujoire n'en a pas connu tant que ça, des défenseurs centraux aussi portés sur l'engagement, le duel, le contact. Les derniers dans ce style étaient sans doute le Brésilien Diego Carlos et le Marocain Nourredine Naybet, deux joueurs partis dispenser leur talent en Espagne après avoir conquis Nantes. Ou alors l'Argentin Nestor Fabbri, le champion de France 2001, qui avait moins de jambes que Nicolas Pallois mais une malice de niveau international. Autant de joueurs qui, dans le Nantes d'avant, se complaisaient dans l'ombre des éléments offensifs.

Le 7 mai 2022, pourtant, c'est bien lui, l'ancien menuisier, parfois injustement caricaturé en bûcheron, qui a plané sur le Stade de France. Auteur d'un match immense, à la fois impressionnant dans l'impact et bluffant dans la justesse de ses prises de balle, le gaucher a étalé devant la France entière son registre. Il a réussi la meilleure saison de sa carrière à 34 ans, comme une renaissance. L'exercice précédent avait été pénible au point qu'on ne le reconnaissait plus. L'ancien roc semblait décliner, le moindre attaquant un peu habile paraissait en mesure de le défier en un contre un, et, pour son premier match à la tête du FCN, Antoine Kombouaré l'avait placé sur le banc. Le premier gros clash de son mandat avait d'ailleurs opposé l'entraîneur à son défenseur central, après un Nantes – Nice perdu (1-2), le 5 avril 2021. Nicolas Pallois en finissait avec une période sombre qu'il nous avait expliquée ainsi, dans L'Équipe, en janvier 2022 : « Je travaillais avec la même implication que les années précédentes. Après, j'ai peut-être eu un petit contrecoup de l'histoire d'il y a deux ans aussi, je ne sais pas. » L'histoire d'il y a deux ans, c'est le décès d'Emiliano Sala, son copain. Nicolas Pallois avait hébergé l'attaquant argentin, la nuit du 18 au 19 janvier, sa dernière à Nantes avant de partir à Cardiff, où il venait d'être transféré. C'est lui qui avait emmené son ex-coéquipier à l'aéroport de Nantes-Atlantique, avant le vol fatal. Lui, encore, qui refuse d'évoquer cette douleur intime : « Je me suis mis à fond dans le foot pendant un an pour ne pas trop y penser, même si on ne fait que ça. On vit avec, on n'a pas le choix. Mais je pense que la deuxième année a été, peut-être, un petit contrecoup [...] Je n'éprouve pas le besoin, pas l'envie d'en parler. Je n'en ai jamais parlé à qui que ce soit. Aussi bien dans les interviews que dans ma famille. C'est en moi, ça reste en moi. »

Et ça a parfois pesé trop lourd, jusqu'à ce qu'Antoine Kombouaré électrise à nouveau le défenseur révélé par l'aventure en Coupe de France de Quevilly, en 2010. « Il a amené une nouvelle dynamique, une autre façon de voir le foot, explique-t-il. On a un peu le même caractère, un peu la même façon de penser, on dit les choses en face et tout va bien. » Au fil des ans, Nicolas Pallois est devenu une figure. Au sein du vestiaire, il est celui qui est là depuis le plus longtemps (il est arrivé de Bordeaux en 2017). Son style particulier a un temps divisé. Aujourd'hui, ses pourfendeurs sont satellisés : quand il a prolongé son contrat jusqu'en 2024, en mars dernier, tout l'environnement du FCN a été soulagé. « Je me sens bien ici, j'aime le club, j'aime les supporters, la Beaujoire. Je ne sais pas si je suis la mascotte mais je suis le plus ancien, et j'essaie de porter tout le monde », expliqué l'intéressé. Il revendique ses manières : « Tout le monde dit que je suis un bourrin, mais je pense qu'il y a des moments où il faut dégager et des moments où il faut jouer. Je ne suis sans doute pas le joueur le plus beau à voir, il y a des joueurs plus élégants. Mais aujourd'hui, on ne peut rien me reprocher. Je ne suis pas l'un des défenseurs qui font le plus de fautes, je n'ai jamais blessé un joueur. Après, oui, j'aime bien les duels, je suis dur dans l'impact, mais je ne suis pas là pour blesser, je suis là pour jouer et pour gagner des ballons. Quand les attaquants ne marquent pas, c'est que j'ai bien fait mon travail. »

À la 9e minute de la finale, le rituel chant en hommage à Emiliano Sala s'est élevé dans le ciel de Saint-Denis, pour rappeler à la France du foot qu'un Argentin qui ne lâchait rien est parti trop tôt. Et que son meilleur ami veille à ce que Nantes ressemble à ce souvenir. Comme un hommage à ce pote qui était, autant que lui, dévoué au combat, Nicolas Pallois finit la rencontre avec un nez bien amoché, en sang, mais sans se plaindre. Le roc nantais, c'est lui, l'homme qui se bat pour deux. Le seul de l'effectif à avoir disputé l'intégralité des six matchs de coupe.

L'exception Merlin

Seul joueur du centre de formation à s'être imposé sous l'ère Kombouaré, le latéral gauche a réussi une finale à la hauteur de son attachement au FCN.

Maintenant que Randal Kolo Muani n'est plus ici, le public nantais ne partage plus son amour entre les deux enfants de la maison. Il oriente toute sa dévotion vers Quentin Merlin, si représentatif du football tel qu'on l'entend encore à Nantes. Il est le seul élément formé au club qui y soit aujourd'hui titulaire, entre lui et l'institution jaune et verte, le destin commun a des airs d'évidence. Né à Pornic, initié au foot chez les Goélands de Saint-Marie sur Mer, le gaucher s'inflige les trois allers-retours par semaine jusqu'au centre sportif José-Arribas avant ses 10 ans. « Il fallait être motivé pour s'imposer ça, se souvenait en mars 2022 dans L'Équipe Alban Berthelot, son premier éducateur au FCN. Il avait déjà un super pied gauche mais était très timide et est arrivé au milieu de garçons plus en avance que lui au niveau morphologique. »

À l'entrée au collège, il s'est d'ailleurs éloigné des jaune et vert. Par simple nécessité logistique. Impossible de concilier études ct migrations trihebdomadaires jusqu'à Nantes. Quentin Merlin patiente deux saisons auprès de ses copains, à Pornic, avant de retrouver le grand monde quand il intègre, en 4e, le pôle Espoirs de Saint-Sébastien sur

Loire. « Techniquement, à l'époque, c'était déjà top, nous expliquait en mars 2022 Franck Maufay, alors directeur de la structure [il est revenu au FCN l'été suivant]. Il avait cette idée de combiner, avait ce toucher de balle, cette sensibilité dans le jeu. Mais il ne faisait pas assez d'efforts. »

À Nantes, depuis toujours, il faut aimer courir pour réussir. Quentin Merlin y sera vite sensibilisé. Quand il intègre le centre de formation, Samuel Fénillat, son directeur, le prévient : « Si tu veux rester, tu ne dois plus tricher. » « C'est à ce moment-là qu'il a pris conscience de ses capacités, confirme Johann Sidanner, son entraîneur d'alors. Il avait un énorme volume, il est devenu un gros joueur, tout terrain, on pouvait le mettre partout. »

Le grand public le découvre en tant que latéral gauche contre le Paris-SG, le 20 novembre 2021 à Paris, quand il remplace Fabio à la 58e minute, neuf mois après sa première apparition en pro, à la mi-temps du dernier match de l'ère Raymond Domenech (il avait remplacé Ludovic Blas). Défenseur, ce n'est pas son poste. Mais qu'importe. La semaine suivante il est titularisé à Lille, toujours dans le même rôle, et n'en bougera plus : « C'est surprenant mais j'ai la capacité pour jouer à ce poste, assure-t-il dans les couloirs du stade Pierre-Mauroy. Jeune, j'ai parfois joué latéral gauche pour aider. Et défensivement, c'est plus facile quand on a un Nicolas Pallois à côté de soi qui vous dirige, vous parle beaucoup. On a un lien fort [...] Je veux jouer, donc si je peux faire une carrière à ce poste, je le ferai. »

Derrière tout s'enchaîne : il découvre l'équipe de France Espoirs, réussit un but qui résume toutes ses qualités lors du mémorable succès face au Paris-SG en février (3-1), devient la mascotte d'une équipe, avec son profil qui est une caricature de ce que le FCN sait produire de mieux : le sens du déplacement, de l'effort, de la passe juste, de l'autre. Ce soir-là devant sa télévision Olivier Audoux, son ancien éducateur, en a été soulevé d'émotion. « J'en pleurais, je ne sais pas comment je n'ai pas fait un AVC », témoigne-t-il quand nous allons le rencontrer pour L'Équipe. Il a les yeux qui brillent quand il raconte ce joueur, resté à 19 ans ce rêve d'entraîneur qu'il était, à ses débuts. « [...] à cet âge-là, ceux qui sont beaucoup plus doués que les autres prennent le ballon pour filer seuls au but. Quentin n'a jamais fait ça. Sa plus grande qualité, déjà, c'était de faire jouer ses copains. »

Le 7 mai 2022, c'est son centre contré par une main niçoise dans la surface de réparation qui a forcé la décision. Quentin Merlin, ou la bénédiction du FCN.

L'équipe

L'ENTRAÎNEUR

ANTOINE KOMBOUARÉ

58 ans
Nationalité française
674 matches dirigés chez les professionnels

LES GARDIENS

RÉMY DESCAMPS

26 ans | 1,94 m | 74 kg
Nationalité française
Aucun match de L1 (en 2021-2022)
5 matches de Coupe de France
Aucun but, aucune passe décisive
Numéro de maillot : 16

ALBAN LAFONT

23 ans | 1,96 m | 90 kg
Nationalité franco-burkinabé
38 matches de L1 (en 2021-2022)
1 match de Coupe de France
Aucun but, aucune passe décisive
Numéro de maillot : 1

LES DÉFENSEURS

DENNIS APPIAH

30 ans | 1,79 m | 68 kg
Nationalité franco-ghanéenne
32 matches de L1 (en 2021-2022)
5 matches de Coupe de France
Aucun but, aucune passe décisive
Numéro de maillot : 12

JEAN-CHARLES CASTELLETTO

27 ans | 1,86 m | 78 kg
Nationalité franco-camerounaise
28 matches de L1 (en 2021-2022)
1 match de Coupe de France
Aucun but, aucune passe décisive
Numéro de maillot : 21

SÉBASTIEN CORCHIA

31 ans | 1,76 m | 65 kg
Nationalité franco-italienne
28 matches de L1 (en 2021-2022)
5 matches de Coupe de France
Aucun but, aucune passe décisive
Numéro de maillot : 24

FÁBIO PEREIRA DA SILVA

31 ans | 1,72 m | 74 kg
Nationalité brésilo-portugaise
27 matches de L1 (en 2021-2022)
3 matches de Coupe de France
Aucun but, 4 passes décisives
Numéro de maillot : 2

ANDREI GIROTTO

30 ans | 1,86 m | 79 kg
Nationalité brésilienne
36 matches de L1 (en 2021-2022)
5 matches de Coupe de France
6 buts, aucune passe décisive
Numéro de maillot : 3

YANNIS M'BEMBA

21 ans | 1,90 m | 79 kg
Nationalité guinéenne
2 matches de L1 (en 2021-2022)
Aucun match de Coupe de France
Aucun but, aucune passe décisive
Numéro de maillot : 5

QUENTIN MERLIN

20 ans | 1,74 m | 64 kg
Nationalité française
28 matches de L1 (en 2021-2022)
5 matches de Coupe de France
2 buts, 3 passes décisives
Numéro de maillot : 29

NICOLAS PALLOIS

34 ans | 1,90 m | 85 kg
Nationalité française
30 matches de L1 (en 2021-2022)
6 matches de Coupe de France
1 but, aucune passe décisive
Numéro de maillot : 4

ABDOULAYE SYLLA

22 ans | 1,81 m | 78 kg
Nationalité franco-guinéenne
3 matches de L1 (en 2021-2022)
1 match de Coupe de France
Aucun but, aucune passe décisive
Numéro de maillot : 13

CHARLES TRAORÉ

30 ans | 1,80 m | 74 kg
Nationalité franco-malienne
12 matches de L1 (en 2021-2022)
6 matches de Coupe de France
Aucun but, aucune passe décisive
Numéro de maillot : 14

LES MILIEUX DE TERRAIN

LUDOVIC BLAS

24 ans | 1,80 m | 70 kg
Nationalité française
35 matches de L1 (en 2021-2022)
6 matches de Coupe de France
15 buts, 10 passes décisives
Numéro de maillot : 10

PEDRO CHIRIVELLA

25 ans | 1,78 m | 66 kg
Nationalité espagnole
31 matches de L1 (en 2021-2022)
5 matches de Coupe de France
3 buts, 1 passe décisive
Numéro de maillot : 5

WYLAN CYPRIEN

27 ans | 1,80 m | 75 kg
Nationalité française
22 matches de L1 (en 2021-2022)
5 matches de Coupe de France
2 buts, 3 passes décisives
Numéro de maillot : 8

SAMUEL MOUTOUSSAMY

26 ans | 1,76 m | 72 kg
Nationalité franco-congolais
30 matches de L1 (en 2021-2022)
4 matches de Coupe de France
1 but, 1 passe décisive
Numéro de maillot : 18
9 matches de Ligue Europa
3 buts, 1 passe décisive
Numéro de maillot : 15

ROLI PEREIRA DE SA

25 ans | 1,77 m | 71 kg
Nationalité française
17 matches de L1 (en 2021-2022)
4 matches de Coupe de France
Aucun but, aucune passe décisive
Numéro de maillot : 6

MOSES SIMON

27 ans | 1,68 m | 66 kg
Nationalité nigériane
29 matches de L1 (en 2021-2022)
3 matches de Coupe de France
6 buts, 8 passes décisives
Numéro de maillot : 27

LES ATTAQUANTS

JEAN-KÉVIN AUGUSTIN

25 ans | 1,77 m | 69 kg
Nationalité française
7 matches de L1 (en 2021-2022)
1 match de Coupe de France
Aucun but, aucune passe décisive
Numéro de maillot : 20

OSMAN BUKARI

23 ans | 1,70 m | 68 kg
Nationalité ghanéene
24 matches de L1 (en 2021-2022)
2 matches de Coupe de France
2 buts, aucune passe décisive
Numéro de maillot : 26

MARCUS COCO

26 ans | 1,81 m | 79 kg
Nationalité française
24 matches de L1 (en 2021-2022)
4 matches de Coupe de France
1 but, 1 passe décisive
Numéro de maillot : 11

KALIFA COULIBALY

31 ans | 1,97 m | 84 kg
Nationalité malienne
21 matches de L1 (en 2021-2022)
Aucun match de Coupe de France
5 buts, aucune passe décisive
Numéro de maillot : 7

WILLEM GEUBBELS

21 ans | 1,86 m | 72 kg
Nationalité française
22 matches de L1 (en 2021-2022)
4 matches de Coupe de France
3 buts, 1 passe décisive
Numéro de maillot : 19

RANDAL KOLO MUANI

23 ans | 1,87 m | 73 kg
Nationalité française
36 matches de L1 (en 2021-2022)
5 matches de Coupe de France
13 buts, 5 passes décisives
Numéro de maillot : 23

GOR MANVELYAN

20 ans | 1,80 m | 62 kg
Nationalité française
Aucun match de L1 (en 2021-2022)
1 match de Coupe de France
Aucun but, aucune passe décisive
Numéro de maillot : 33

Les résultats de la
SAISON 2021-2022 EN LIGUE 1

Matches aller

1re JOURNÉE
Monaco-Nantes **1-1** (Castelletto)

2e JOURNÉE
Nantes-Metz **2-0** (Kolo Muani, Blas)

3e JOURNÉE
Rennes-Nantes **1-0**

4e JOURNÉE
Nantes-Lyon **0-1**

5e JOURNÉE
Nantes-Nice **0-2**

6e JOURNÉE
Angers-Nantes **1-4** (Girotto, Blas x2, Kolo Muani)

7e JOURNÉE
Nantes-Brest **3-1** (Blas, Chirivella, Brassier c.s.c.)

8e JOURNÉE
Reims-Nantes **3-1** (Simon)

9e JOURNÉE
Nantes-Troyes **2-0** (Girotto, Blas)

10e JOURNÉE
Bordeaux-Nantes **1-1** (Chirivella)

11e JOURNÉE
Nantes-Clermont **2-1** (Girotto, Blas)

12e JOURNÉE
Montpellier-Nantes **2-0**

13e JOURNÉE
Nantes-Strasbourg **2-2** (Coulibaly, Kolo Muani)

14e JOURNÉE
Paris SG-Nantes **3-1** (Kolo Muani)

15e JOURNÉE
Lille-Nantes **1-1** (Blas)

16e JOURNÉE
Nantes-Marseille **0-1**

17e JOURNÉE
Lorient-Nantes **0-1** (Cyprien)

18e JOURNÉE
Nantes-Lens **3-2** (Kolo Muani x2, Simon)

19e JOURNÉE
Saint-Étienne-Nantes **0-1** (Kolo Muani)

Matches retour

20e JOURNÉE
Nantes-Monaco **0-0**

21e JOURNÉE
Nice-Nantes **2-1** (Girotto)

22e JOURNÉE
Nantes-Lorient **4-2** (Girotto, Kolo Muani, Bukari, Geubbels)

23e JOURNÉE
Strasbourg-Nantes **1-0**

24e JOURNÉE

Nantes-Reims **1-0** (Simon)

25e JOURNÉE

Nantes-Paris SG **3-1** (Kolo Muani, Merlin, Blas)

26e JOURNÉE

Metz-Nantes **0-0**

27e JOURNÉE

Nantes-Montpellier **2-0** (Kolo Muani, Geubbels)

28e JOURNÉE

Troyes-Nantes **1-0**

29e JOURNÉE

Nantes-Lille **0-1**

30e JOURNÉE

Clermont-Nantes **2-3** (Blas, Chirivella, Kolo Muani)

31e JOURNÉE

Brest-Nantes **1-1** (Kolo Muani)

32e JOURNÉE

Nantes-Angers **1-1** (Coulibaly)

33e JOURNÉE

Marseille-Nantes **3-2** (Girotto, Coco)

34e JOURNÉE

Nantes-Bordeaux **5-3** (Coulibaly x2, Mangas c.s.c., Simon, Bukari)

35e JOURNÉE

Lens-Nantes **2-2** (Simon x2)

36e JOURNÉE

Nantes-Rennes **2-1** (Coulibaly, Pallois)

37e JOURNÉE

Lyon-Nantes **3-2** (Merlin, Cyprien)

38e JOURNÉE

Nantes-Saint-Étienne **1-1** (Blas)

BILAN

9e au classement
Matches : 38
Victoires : 14
Nuls : 10
Défaite : 14
Buts inscrits : 55
Buts encaissés : 48

L'EQUIPE
Le Parisien
COUPE DE FRANCE
24
4
26
18